미리 준비하는
위기관리 실천 매뉴얼

미리 준비하는

위기관리 실천 매뉴얼

편집부 엮음

프리이코노미북스

9.11 테러_

<u>2001년 9월 11일</u> 승객 92명을 태운 항공기가 로스엔젤레스로 향하던 중 납치되었다. 이 민간 비행기는 약 45분 뒤 뉴욕 중심부의 세계무역센터 북쪽 빌딩 상층부에 충돌했다. 이어 승객 65명을 태운 또 다른 항공기가 남쪽 빌딩에 충돌했다. 북쪽 빌딩은 충돌한 뒤 102분, 남쪽 빌딩은 62분 뒤에 무너졌다. 배후로 알 카에다가 지목된 이 테러는 약 3,000명에 달하는 인명 피해와 돈으로 환산하기 어려울 정도로 많은 재산 피해를 낳았다.

세계적 투자은행인 모건스탠리(Morgan Stanley)는 이 테러로 맨해튼 본사 건물이 완전히 무너지는 시련을 당했다. 하지만 놀랍거도 다음날 영업을 재개했다. 수년간 꾸준히 대피훈련을 한 덕분에 건물이 붕괴되기 직전에 2,700명의 직원이 신속하게 빠져 나온 데다, 완벽하게 이중화된 재해복구 시스템과 대체 사업장을 보유했기 때문이었다.

2001. 9. 11
9.11 테러 당시 세계무역센터 (출처 : 연합뉴스)

엔론 사태_

<u>2001년</u> 회계부정사건으로 미국 경제에 큰 영향을 끼친 엔론(Enron)은 미국 동부의 조그마한 가스 파이프 운송회사였다. 그러나 끊임없는 인수합병(M&A)을 통해 미국 재계 서열 5위로 급성장했다. 빠른 성장 덕분에 엔론은 여러 경영 서적이나 강의에 빈번히 등장했으며 미국에서 가장 존경받는 기업 10위 안에 뽑히기도 했다. 파산 직전까지도 엔론은 위기관리와 내부 통제 시스템의 모범 사례로 일컬어졌다.

하지만 엔론은 분식회계를 통해 투자자들을 속인 후 주가를 끌어올리는 동시에 사채나 주식을 발행하는 방법으로 외부 자금을 끌어들였다. 내부적으로는 부정부패를 키워 임직원과 주주, 그리고 많은 협력업체에, 더 나아가서는 미국 사회에 큰 충격을 주었다.

2001
엔론의 CEO였던 제프리 스킬링(출처 : 연합뉴스)

2006년 7월 이스라엘과 레바논이 충돌하면서 전쟁이 발발했다. 2006년 이스라엘-레바논전쟁 당시 헤즈볼라가 발사한 미사일 4,000여 발로 인해 이스라엘에 있던 약 160명이 희생됐다. 인명 피해뿐만 아니라 다른 피해상황도 처참했다. 폭격으로 인해 공항, 항만시설은 물론 전력선과 발전소, 도로, 교량, 병원, 학교, 공장 등이 파괴됐다. 그러나 이스라엘에 있던 세계 최대의 반도체회사 인텔(Intel)은 미리 마련한 업무 연속성 계획을 즉각 가동해 미사일이 날아오는 전쟁상황에서도 업무를 이어나갔다.

이스라엘-레바논전쟁_

2006. 7
이스라엘-레바논전쟁 당시 적과 대치하고 있는 군인(출처 : 연합뉴스)

서브프라임 모기지 사태

2007.4
세계 금융위기를 촉발시켰던 서브프라임 모기지 사태(출처 : 연합뉴스)

2007년 4월 미국에서 두 번째로 규모가 큰 서브프라임 모기지(비우량 주택담보대출) 업체인 뉴센추리파이낸셜(New Century Financial)의 파산 가능성이 언급된 후 뉴욕 증시는 공황 상태에 빠지기 시작했다. 그 이후로 20개월이 채 안 되는 기간 동안 미국 금융업체 274곳이 파산했다. 《타임(Time)》은 158년의 역사를 가진 세계적 투자은행 리먼브라더스(Lehman Brothers)가 파산보호 신청을 한 2008년 9월 13일을 "하늘도 무너진다는 걸 깨달은 날"이라고 표현하기도 했다.

서브프라임 모기지 대출 부실 사태는 이듬해 세계 금융위기를 촉발시킨 직접적인 원인으로 평가되었다. 하지만 이러한 사태 속에서도 위기를 감지했던 JP모건 등 극소수의 금융서비스회사들은 수익은 낮지만 안정적인 투자에 주력하여 상당한 경쟁우위를 얻었다.

2009. 10. 27
신종플루 발생 후 발열 검사를 하고 있는 한 초등학교 (출처 : 연합뉴스)

2009년 전 세계에 독감이 확산됐다. 돼지독감 바이러스의 유전자가 재조합된 인플루엔자(Influenza) 바이러스로 인해 생겨난 신종플루였다. 세계보건기구(WHO)는 그해 9월 전 세계 신종플루 감염자가 34만여 명에 이르고, 사망자는 4,000명을 넘어섰다고 발표했다. 미국과 일본 등 선진국의 주요 기업들은 신종플루에 대비한 비상 계획을 속속 세웠다.

미국 최대 상업은행 뱅크오브아메리카(Bank of America)는 신종플루로 사무실에 나오지 못하는 직원들을 위해 원격회의와 재택근무 전략을 수립했다. 선진국 기업들은 기업의 활동과 이익에 막대한 피해를 입을 것을 대비해 대규모 전염병에 적극 대처했다. 딜로이트(Deloitte)는 90쪽에 이르는 〈신종플루 대응 계획〉을 배포했고, 아이비엠(IBM) 역시 상세 매뉴얼을 통해 상황에 적극적으로 대처했다.

최근 에볼라(Ebola) 바이러스가 확산되면서 2002년 11월 싱가포르와 홍콩을 중심으로 창궐하여 이듬해 7월까지 8,000여 명이 감염돼 774명이 사망했던 사스(SARS, 중증급성 호흡 증후군)와 2009년 신종플루의 경험을 다시 떠오르게 하고 있다.

<u>**2011년 3월 11일**</u> 동일본에서 일어난 대지진으로 후쿠시마 원자력발전소가 폭발해 방사능이 유출된 사건은 전 세계를 공포에 떨게 했다. 그뿐만 아니라 대지진은 생산거점에 피해를 주었고, 소비심리가 위축되는 등 일본 경제 및 사회 전반에 많은 영향을 미쳤다. 자연재해에 철저히 대비해왔다고 자부했던 많은 일본 기업들 역시 곳곳에서 허점이 드러나 위기관리에 대한 실패를 반성하고 전면적인 재검토에 들어가야 했다. 일본 데이코쿠데이터뱅크는 동일본 대지진으로 인해 2011년 3월부터 2014년 2월까지 도산한 기업이 1,485개사에 이른다고 발표했다.

세계의 많은 기업들도 동일본 대지진으로 인한 타격을 입었다. 미국의 제너럴모터스(GM)와 포드(Ford)는 일본산 부품 조달이 막히면서 루이지애나주 픽업트럭 공장과 하이브리드카 생산 공장의 가동이 중단되었다. 스웨덴의 볼보(Volvo) 또한 주요 부품의 재고가 일주일 수량밖에 남아있지 않아 비상상황을 겪었다. 독일 폭스바겐(Volkswagen)과 우리나라의 일부 제조기업들도 변속기, 엔진과 같은 일본산 부품의 재고가 부족해 생산을 줄일 수밖에 없었다.

3.11 동일본 대지진 _

2011. 3. 11
동일본 대지진 당시 파괴된 마을(출처 : 연합뉴스)

2012. 10. 29
허리케인 샌디로 폐허가 된 해안가(출처 : 셔터스톡)

2012년 10월 29일 뉴욕을 비롯한 미국 동북부 지역에 초강력 허리케인 '샌디(Sandy)'가 상륙해 막대한 피해를 냈다. 프랑켄슈타인과 폭풍을 합친 '프랑켄스톰(Frankenstorm)'이라는 별명이 생길 정도로 강력했던 샌디가 뉴욕을 강타하자 도시는 순식간에 마비되었다. 150킬로미터의 풍속은 강력한 해일을 동반하며 대규모의 침수 피해를 냈고, 100명 이상의 사망자와 수천 명의 이재민을 만들었다. 동부 주요 공항의 항공기가 모두 취소됐으며, 주 정부들도 일제히 업무를 중단하고 공립학교에 휴교령을 내렸다.

맨하탄 지역 내의 NYC 데이터센터 두 곳도 침수되어 임시로 폐쇄되었다. 데이터센터의 업무가 중단되면서 50억 달러 이상의 경제적 손실이 초래되었다. 현지 글로벌 기업의 업무가 중단되면서 세계 곳곳의 연계된 업무들이 마비되었고, 글로벌 데이터센터까지 연쇄적으로 피해를 입게 되었다.

허리케인 샌디 _

2013년 3월 20일 오후 2시경 주요 방송사와 대형 은행 전산망이 악성 코드에 감염되어 총 3만 2,000여 대에 달하는 컴퓨터가 일제히 마비되는 정보 보안 사고가 발생하였다. 윈도 서버의 취약점을 이용하는 슬래머웜(Slammer worm) 공격으로 주요 인터넷 서비스가 중단되어 국가적 인터넷 대란이 발생했던 2003년 1월 25일 이후, 두 번째로 큰 정보기술(IT) 위기였다.

3.20 사이버 테러는 보안에 대한 강한 책임의식을 가지고 전문인력과 예산을 확충할 필요가 있음을 깨닫게 했다. 인프라 개선과 내부 통제의 강화, 그리고 IT 아웃소싱 관리의 개선 같은 실질적인 대책도 필요하다는 교훈을 주었다. 나날이 전문화되는 사이버테러에 신속한 위기대응으로 피해가 확산되는 것을 일찍이 막는 일은 중요한 비즈니스 역량임을 인식시켜 주었다.

3.20 사이버 테러_

2013. 3. 20
국가적 인터넷 대란을 가져왔던 3.20 사이버테러(출처 : 셔터스톡)

세월호 참사_

2014년 4월 16일 전남 진도 해상에서 인천에서 제주로 항해 중이던 여객선 '세월호'가 전복되어 침몰하였다. 이 사고로 탑승자 476명 중 294명 이상이 사망했다. 세월호 참사는 여객선 침몰을 둘러싼 주요 이해관계자들의 안이한 초기 대응을 포함해 총체적으로 위기관리에 실패한 대표적인 사례이다. 세월호는 규정을 어기고 과적했으며 평형수를 제대로 채우지 않고 출항했다. 사고가 발생한 뒤에는 인명구조에 미흡한 대처를 보였다. 안전상 문제가 있는 노후한 선박을 도입했고, 안전 훈련에 소홀했다. 종합적인 위기 대응 부실과 초기 대응에 실패한 안타까운 사고였다.

2014. 4. 16
다 가라앉고 얼마 남지 않은 세월호(출처 : 연합뉴스)

일러두기

- 이 책에서는 통상 혼재되어 쓰이는 용어를 다음과 같이 통일해 표기하였다.
  '리스크관리'는 '위기관리'로, '비즈니스 연속성 계획(Business Continuity Planning, BCP)'은 금융감독원이 소개한 '업무 연속성 계획'이란 용어로 통일하였다. '회복탄력성'을 뜻하는 '리질리언스(Resilience)'는 그 뜻풀이 그대로 사용하였다.

프롤로그

불확실성의 시대에는
위기 극복 능력이 기업의 미래를 좌우한다

'설마 우리에게 그런 일이 일어나겠어?'

9.11 테러나 동일본 대지진 같은 재난재해 소식을 뉴스로 접할 때, 대다수 사람들은 안타까운 마음을 갖는다. 사건 현장의 급박한 모습들에서 시선을 떼지 못하고 어떻게 저런 일이 생겼을까 생각한다. 그러나 관련 뉴스가 지나가면 곧 다른 쪽으로 관심이 쏠리고, 하루 이틀 시간이 지나면서 금세 잊어버리게 된다. 재난재해가 발생한다면, 어떻게 대처해야 할지를 구체적으로 생각하고 준비하는 사람은 거의 없다. 설마 그런 일이 우리에게 일어날 거라곤 생각하지 않기 때문이다.

하지만 사고는 언제나 예고 없이 온다. 미리 알아챌 수 있다면 삼

풍백화점 붕괴, 성수대교 붕괴, 대구 지하철 참사와 같은 일들이 어찌 일어났을까. 비단 자연재해나 공공시설의 이야기만이 아니다. 기업의 경우 천재지변으로 인한 사고뿐 아니라 생산공장의 화재, 위험물질 누출, 전산망 해킹, 핵심 기술 유출 등 다양한 원인의 사고와 위기를 경험한다.

하지만 이런 위기들을 보고도 기업들이 이에 대비하는 방법은 보험에 가입하는 것과 크게 다르지 않은 위기대응 매뉴얼을 갖고 있는 수준이다. 언제 일어날지 모를, 혹시 영영 우리에겐 안 일어날지도 모를 일에 대비해 큰 비용을 투자하는 기업은 그리 많지 않다. 물론 무작정 막대한 자원을 투입하여 모든 기업의 조직, 체계, 공장, 시설 등을 요새처럼 만들고 재고나 비상용품을 쌓아 대비하자고 주장하는 것은 아니다. 그보다 각 기업의 취약 부분을 분석하고 다른 기업과 조직이 실패했던 경험들로부터 배우고, 기업 공급망Supply Chain의 유연성을 높이는 것이 중요하다. 이렇게 비즈니스 중단에 대한 복원성, 탄력성을 고려해 위기관리를 위한 조치를 강화하면 취약한 부분 없이 프로세스를 긴밀히 할 수 있고, 기업은 관심과 투자를 높일 수 있는 근거를 가질 수 있게 된다.

흔히 경쟁력은 거창하거나 매우 독창적인 아이디어에서 나온다고 생각하지만, 오히려 평범한 곳에서 생기는 경우가 많다. 경쟁력 있는 기업들의 성공 사례를 보면 다른 많은 기업들이 잘 알고 있으면서 실천에 옮기지 않았던 것을 실행함으로써 남다른 결과를 보여준 경우가 많다. '위기에 미리 대비해야지'라고 누구나 생각하지만 누구도 제대로 준비하지 않기 때문에 같은 유형의 사고들이 끊이지 않는 것이다.

현장에서부터 회사의 위기를 고민하고 조직 구성원 한 명 한 명이 '상부의 지시에 충실한 이행자'가 아닌 '주도적이고 책임 있는 문제 예방 및 해결자'로 임하는 적극적인 태도는 매우 중요하다. 물론 해마다 위기에 봉착했다고 외쳐대는 것은 오히려 조직 전체가 위기에 무감각해지는 우를 범할 수도 있다. 하지만 매우 동적이고 불확실성이 팽배해 있는 비즈니스 환경에서 기업과 조직의 일상은 너무 뜨겁게 일관해서도 안 되고, 너무 차갑게 일관해서도 안 된다. 오랜 지구력을 발휘할 수 있는 적절한 긴장도를 유지하는 것은 긍정적인 조직 분위기와 위기에 공감하는 기업문화 형성에 바람직하다.

이 책은 기업 및 조직의 구성원으로서 위기에 대한 대비와 대응방안 준비를 위해 어떤 사항을 고려해야 하고, 위기관리 매뉴얼에는 어떤 내용이 담겨야 하는지를 알기 쉽게 설명했다. 1부에서는 위기관리에 관한 기본 원칙과 사례를 중심으로 왜 기업이 위기관리를 해야 하는지를, 2부에서는 실제로 기업이 위기관리를 실무에서 활용할 수 있도록 안내한다. 이 책의 내용은 위기관리 전문가 이호준 박사(소방방재청 국립방재연구소 토목연구관 역임, 현 삼성화재 GLCC BCM팀 수석연구원, MBCI)와 유종기 실장(전국경제인연합회 산업조사본부 산업전략팀 조사역 역임, 딜로이트 기업리스크자문본부 Director 역임, 현 한국IBM 글로벌테크놀로지서비스 실장)

이《동아비즈니스리뷰》,〈중앙SUNDAY〉 등 언론에 기고한 글을 바탕으로 최근의 사례를 반영하여 보완·편집한 것이다.

이 책을 통해 기업의 위기관리 단계에서 필요한 사전 대비부터 사후 대응까지 활동이 무엇인지 찾아내고, 수많은 위기 중 어떤 것을 핵심적으로 관리해야 하는지, 위기 발생 시 필요한 조직, 프로세스, 자원 확보는 어떻게 할 수 있는지를 도출할 수 있을 것이다. 이로써 체계적인 매뉴얼을 준비하고, 전사적으로 위기관리의 중요성을 공감할 수 있게 될 것이다.

또 이 책에 담겨 있는 위기관리 성공 사례들을 통해 다른 기업들이 하고 있는 위기관리 방식을 벤치마킹할 수도 있고, 그들이 실패하고 시행착오를 겪었던 것을 교훈 삼아 이를 최소화할 수도 있다. 더 실질적으로는 팀별, 부문별, 본부별로 위기를 공감할 수 있는 워크숍이나 유기적인 학습조직 단위로 퍼실리테이션(Facilitation, 기업이 부서들 간에 의견을 조율하고 공감대를 형성하거나 새로운 제품을 개발할 때 문제를 쉽게 해결하도록 지원하는 모든 행동을 의미한다. GE, HP, IBM, 듀폰 등이 이를 활용한다)을 진행하고, 거기서 나온 결과물들을 적극 공유하고 더 넓은 시각에서 논의하여 실질적인 방안을 마련하는 활동도 바람직하다.

위기는 더 이상 한시적이거나 특별한 현상이 아니다. 영속성을 추구하는 기업이라면 항상 잊지 말아야 할 시장의 기본 요소로 받아들여야 한다. 위기를 극복하는 능력은 기업의 경쟁력만큼이나 성공의 중요한 기준이 된다. 시장의 변화로 인한 위기든 조직 내부에서 발생한 위기든 불리한 조건을 이겨내고 다시 원래의 기업 가치를 회복할 수 있는 역량이 기업의 미래를 좌우한다.

기업이 위기에 처했을 때, 그 흐름을 기회로 바꾸기 위해 위기관리 매뉴얼을 갖추는 것은 반드시 필요하다. 위기를 기업의 구성원을 더욱 결속시킬 수 있는 절호의 기회로 삼자. 조직과 기업문화의 특성에 맞는 위기관리 방안의 적용은 조직 변화에 긍정적인 불을 지피고 위기를 기업 경쟁력으로 승화시키는 기회가 될 것이다.

목차

프롤로그 불확실성의 시대에는
　　　　　위기 극복 능력이 기업의 미래를 좌우한다 _023

1부 준비한 자에게 위기는 기회가 된다 _031

1장 엄청난 대형사고 앞에서
상상을 뛰어넘는 재난의 대형화 033 ｜ 돌발상황과 업무 연속성 계획 037
일본 고베지진의 영향과 피해 040 ｜ 노키아와 에릭슨의 엇갈린 위기대응 042
위기상황에서 나뉘는 실패와 성공 045 ｜ 성공한 실패 047
아폴로 13호 우주 프로그램의 위기 048 ｜ 위기관리의 효과적 작동원리 050
기업 경영의 잠재적 위험요소 051 ｜ 준비하는 기업 vs. 그렇지 못한 기업 053
최악의 상황을 생각하라 053

2장 위기를 성장의 기회로
가정을 다시 한 번 확인하라 059 ｜ 주의와 경계를 늦추지 마라 060
속도와 모멘텀을 고려하라 063 ｜ 핵심 연결망을 관리하라 065
실패의 원인을 분석하고 예측하라 067 ｜ 적용 범위의 폭을 넓혀라 069
안전마진을 확보하라 070 ｜ 적절한 위기는 감수하라 072
운영의 기본원칙을 반드시 지켜라 075

2부 기업을 위한 위기관리 실천 가이드 _083

위기관리 실천 매뉴얼 작성을 위한 17가지 체크리스트 _084

1장 위기관리의 기본 개요
    1. 위기관리 미션과 방침 088 ㅣ 2. 피해를 가정한 계획의 수립 091
    3. 긴급 시에도 진행시켜야 할 통상 업무 094 ㅣ 4. 위기관리체계와 책임 096
    5. 계획추진 099 ㅣ 6. 위기관리체계의 운용 100 ㅣ 7. 긴급 시 주요 행동 요령 101
    8. 교육과 훈련 102 ㅣ 9. 정보 공개 104 ㅣ 10. 계획 수정 106

2장 긴급 시 행동 매뉴얼
    1. 긴급보고 과정 108 ㅣ 2. 긴급 시 유의사항 112
    3. 재해발생 후 시간별 대응방안 113 ㅣ 4. 대책본부별 작업실시 시간 일람표 117
    5. 임직원의 행동 요령 126
    6. 회사·거래처 등 주요 이해관계자의 연락 요령 129 ㅣ 7. 대외적인 대응 132

3장 위기관리 매뉴얼 작성 포인트
    1. 필수 기재정보 135 ㅣ 2. 구체적인 유의사항 136 ㅣ 3. 업무별 유의사항 138
    4. 사후대책 140 ㅣ 부록 146

에필로그 성공적인 위기관리를 위한 10가지 조언 _158
참고문헌 _162

본사 건물이 무너져 내려 흔적도 없이 사라진 회사가 망연자실하지 않고
바로 다음날 영업을 재개할 수 있을까?

1부

준비한 자에게 위기는 기회가 된다 _

1장 엄청난 대형사고 앞에서

현명한 사람은 자신이 직접 겪지 않더라도 다른 사람의 경험, 실패로부터 교훈을 얻는다. 기업도 마찬가지다. 아직 대형 사고를 겪어보지 않았더라도 다른 조직이나 기업에서 있었던 여러 형태의 위기상황, 사건사고 경험, 대응 실패 사례를 학습할 수 있다. 앞선 사례들의 데이터를 분석해 보면 실패 유형을 숙지할 수 있고, 실패를 예측할 수 있는 능력도 그만큼 높아져 위기를 사전에 예방하거나 혹은 발생해도 피해의 크기를 줄일 수 있다.

다른 이의 경험을 보고 배운다는 게 쉬워 보이지만, 꼭 필요하다는 절실함을 갖고 있지 않으면 유사한 위기가 닥쳤을 때 처참한 결과를 보게 될 것이다.

최근 빈번하게 일어나고 있는 대형 참사들 역시 위험을 미리 예고하는 적색경보가 어떤 형태로든 있었을 것이다. 하지만 '설마 우리에게 그런 일이 생기겠어' 하는 안이한 생각으로 위기신호를 그냥 지나치다가 일은 벌어진다. 더군다나 막상 위기가 닥쳤을 때 변변히 준비된 매뉴얼이 없어 우왕좌왕하면 결국 일은 더 커지고야 만다.

사고의 여파는 사고 당사자나 그 기업에만 국한되지 않고, 연관된 많은 사람과 기업, 심지어 국가 경제에까지 영향을 미칠 수 있다. 지금처럼 세계시장을 누비며 각국의 기업들과 비즈니스를 해야 하는 빈도가 높아진 시대에는 국내에서 발생하는 위험뿐만 아니라 다른 나라, 다른 기업의 사고에도 영향을 받는다. 그단큼 대형 사고, 재난 재해 등에 노출될 가능성도 높아졌다는 얘기다. 그러므로 위기상황을 다각도로 예측하는 것을 넘어 위기가 닥쳤을 때 비즈니스에 큰 타격을 입지 않도록 하기 위한 방안을 미리 마련해 두는 것! 기업 생존을 위한 필수요건이다.

상상을 뛰어넘는 재난의 대형화

2011년 동일본 대지진과 원자력발전소 사고를 겪은 일본의 상황은 그야말로 상상을 초월하는 수준이었다. 아무리 내진耐震성능이 뛰어난 건축물이라도 절대로 손실을 피해갈 수 없다는 매그니튜드

Magnitude, M¹ 9.0의 초대형 지진이었다. 이 사고는 일본뿐 아니라 전 세계에 영향을 미쳤다. 그 지역의 원자력발전소가 폭발하면서 방사능이 유출되었고 이로 인해 세계는 공포에 떨어야 했다.

대부분의 사람들은 그와 같이 생각지도 못한 엄청난 대형사고 앞에서 넋이 나가는 정신적 공황과 몸이 움직여지지 않는 일시적 마비 현상을 겪는다. 하지만 대재앙에서 살아남은 생존자들은 상황을 거부하지 않고 빨리 받아들여 결정적 순간에 신속한 의사결정과 행동을 취한다. 극한 위험상황에서 이들은 어떻게 남들보다 침착하게 잘 대처할 수 있었을까? 전문가들은 충격을 받아도 남들보다 원상태로 빨리 돌아오는 '회복탄력성Resilience'이 그들의 생존력을 높였다고 말한다.

만약 기업이 이런 회복탄력성을 갖는다면 지진이나 테러로 흔적도 없이 사라진 회사라도 바로 다음날 영업을 재개할 수 있다. 또 초대형 허리케인으로 공장 시설과 장비가 온데간데없이 날아가 버린 회사라도 조업을 중단하지 않고 제품을 생산할 수 있는 기적적인 일들이 벌어질 수 있다. 세계적 투자은행인 모건스탠리는 9.11 테러로 맨해튼 본사 건물이 완전히 무너졌다. 하지만 놀랍게도 다음날 영업

---

1. 진원지에서 100km 떨어진 곳에 설치한 지진계로 관측한 지진의 규모. 미국지질조사소U.S Geological Survey에서 계산하여 전 세계로 알린다. 보통은 마을을 파괴할 만큼의 거대한 지진을 나타내는 M8.4를 넘지 않으나 일본은 독자적인 산출법을 써서 동일본 대지진에 M9.0이란 수치를 내놨다.

을 재개했다. 수년간 꾸준히 대피훈련을 한 덕분에 건물 붕괴 직전 2,700여 명의 직원이 신속하게 빠져 나온 데다, 완벽하게 이중화된 재해복구 시스템 및 대체 사업장을 보유했기 때문이다.

제너럴모터스 역시 허리케인 샌디가 미국에 상륙해 주요 시설과 장비가 파괴되는 일을 겪었다. 하지만 미국 전역에 표준화된 공장설비를 두고 운영한 덕분에 제품을 중단 없이 생산했다. 이들 기업은 예외 없이 '업무 연속성 계획 Business Continuity Planning'을 보유하고 있었다. 업무 연속성 계획은 국내에서는 아직 생소한 위기관리체계다. 영국에서는 조직을 위협하는 잠재 영향을 파악하고, 만일의 사태에 필요한 대응과 복원 역량을 확보하게 해주며, 주요 이해관계자의 이익과 조직의 평판, 브랜드 및 가치창출활동을 효과적으로 보호해주는 통합 경영 프로세스로 정의한다. 일찍부터 앞선 글로벌 기업들은 업무 연속성 계획을 통해 조업 중단과 같은 갑작스러운 상황에서도 피해와 충격을 최소화하고, 빠른 속도로 핵심 업무를 복구·재개했다. 정해진 기한 내에 전반적인 업무를 정상 수준으로 끌어올리는 능력을 지닌 덕분이다. 이처럼 업무 연속성 계획은 최악의 상황을 가정하고 비상시 사업장 및 생산설비 운영, 원자재 조달 방안, 임직원을 포함한 주요 이해관계자와의 커뮤니케이션을 포함한 실질적인 대비책을 포함하고 있어 재난 시 큰 위력을 발휘한다.

동일본 대지진으로 최악의 상황을 맞은 대부분의 주요 일본 기업들은 지진 발생 직후부터 업무 연속성 계획을 가동했다. 이 계획은 위기상황에서 기업의 실질적 대응을 가능케 하는 유일한 방안이었다.

업무 연속성 계획의 적용 범위는 특정 사건사고나 상황에 국한되지 않는다. 자연재해, 재난뿐 아니라 북한의 핵 위협과 같은 지정학적 위험에도 사용할 수 있다. 일반적으로 북한의 정세가 불안해지면 기업은 비상대책반을 가동해 사태를 파악하고 국내외 주주, 투자자, 거래처, 임직원 등 주요 이해관계자의 동요를 막는다. 자금, 원부자재의 흐름과 계약 관계 등을 재점검해 안전과 비상 재원을 확보한다. 최악의 사태를 가정하고 비상사태 시나리오를 마련해 신상품 출시, 마케팅, 신규사업 계획 등 경영전략도 재검토한다. 실제로 상황이 나빠지면 불요불급不要不急한 업무를 최대한 제한하고 부족한 자원을 몇몇 핵심 업무 또는 서비스에 집중하는 소위 '플랜 B'라는 비상경영체계로 돌입한다.

대부분 기업은 위기 시 재무성과나 지표의 하락을 막고 유동성을 확보하는 전략을 주로 세운다. 가능성은 낮지만 한 번 발생하면 엄청난 충격과 영향을 주는 사건을 간과하기 쉽다. 기업활동이 정상적으로 돌아가게 하려면 어떤 점을 미리 준비해야 하는지와 같은 구체적인 전략도 부족하다. 특히 사업장에 접근이 불가능하고 전력, 수도, 가스 등 사회 인프라의 공급이 제한되며 IT 시스템이 사용 불가능한 일이 벌어질 때, 어떤 식으로 대처해야 하는지에 관한 상세한 위기대응체계가 필요하다. 이러한 업무 연속성 계획이 없으면, 위기 시 경영진이 리더십을 발휘하기는 쉽지 않다. 설사 비상경영체계로 조치를 취해도 실제 상황에서 제대로 작동하기 어렵다.

돌발상황과 업무 연속성 계획

미국 지질조사국 자료에 따르면 M6.0 이상의 강진은 해마다 약 150회 정도 발생하고 있다. M5.0~5.9의 지진도 1,300회 이상 보고된다. 2004년 남아시아 지진을 시작으로 2008년 중국 쓰촨성 지진, 2010년 아이티 및 칠레 지진, 2011년 2월 뉴질랜드 크라이스트처치 지진, 3월 11일 동일본 대지진에 이르기까지 지진의 강도는 갈수록 세지고 있다. 당연히 인명 피해와 경제 손실도 늘고 있다.

영국 로이드 Lioyd's 보험회사와 유명 미래학자 제임스 마틴 James Martin의 보고서는 대형화되고 있는 재난재해에 매우 취약한 비즈니스에 새롭게 주목하고 있다. 특히, 특정 사건 하나가 비즈니스에 엄청난 파급을 미쳐 시스템 전체를 붕괴시킬 위험이 커지고 있다고 경고한다. 2008년 서브프라임 모기지 사태에서 촉발된 세계 금융위기가 세계의 금융 시스템 전체를 위협했던 사례가 대표적이다.

이처럼 한 지역의 위기가 엄청난 나비효과를 일으키기도 한다. 아이슬란드 화산 폭발로 인한 '유럽 항공대란'이 대표적이다. 화산 폭발 사태가 일파만파로 번지면서 애초에는 생각지도 못한 피해가 발생했다. 신제품 출시를 앞두고 있던 자동차 제조회사의 가동이 전면 중단되거나 각종 국제 행사가 줄줄이 취소되고 각 기업 임원의 해외 출장 및 파견 계획이 재조정되기도 했다. 사실 아이슬란드 화산 폭발은 신종플루 창궐이나 무장단체 테러처럼 어마어마한 사건은 아니었다. 게다가 유럽의 변방에서 발생했다. 하지만 하나의 사건이 여러 형태로 직간접 충격을 주면서 전 세계에 심각한 영향을 끼쳤다. 불확실성과 예측 불가능성이 커진 비즈니스 환경, 세계화의 특징인 상호연결성 때문에 상대적으로 적은 충격으로도 국경을 넘어 여러 기업에게 막대한 피해를 미칠 수 있다. 이 때문에 과거 기업이 관리해오던 전통적 위기관리와는 매우 다른 성격을 띤다. 특정 재해나 사고에 대한 대응을 마련하고, 최악의 시나리오를 가정해보는 것만으로는 쉽게 해결할 수 없는 동시다발적이고 무작위적인 사건이기 때문이다.

예고 없이 다가오는 다양한 사고에 즉시 대응할 수 있는 능력이 평상시에 녹아 있어야만, 실제 위기가 발생했을 때 유기적이고 조직적으로 움직일 수 있다. 위기대응체계는 이런 측면에서 수립해야 한다. 세계적 전문 보험금융업체 마시앤드맥레넌Marsh and Mclennan은 보고서를 통해 아이슬란드 화산 폭발 사태 후 업무 연속성 계획을 보유한 기업이 그렇지 않았던 기업에 비해 효과적으로 위기를 관리하고, 정상 상태로 빠르게 복귀했다고 분석했다. 미국의 경제 전문지 《블룸버그bloomberg》 또한 일반적인 비상계획인 플랜 B를 넘어 예측 불가능한 요인까지도 고려하는 '플랜 V(Volcano 혹은 Victory)'를 마련해야 한다고 강조한 바 있다.

〈예시〉 인텔의 성공적인 업무 연속성 계획

비상시 대응을 위한 주요 고려 사항

- 임직원 대피(대규모 인원 포함)
- 본사 기능 재배치(전쟁 영향이 적은 지역 또는 인접 국가)
- 전력 공급 마비(장기간 중단 고려)
- 우편/유통/물류 중단 준비
- 중단된 통신/미디어에 대응
- 금융시장 제한에 대비

추가 고려 사항

- 비상 전력 가동, 물자 이동 등을 위한 연료 마련
- 인터넷 가용성 확보
- 비상연락망 및 대체 통신채널 확보
- 산재 보험 가입
- 협력업체와의 협력
- 데이터센터, 재해복구센터 입지 선정 및 시스템 구축

2006년 7월 레바논전쟁 당시 헤즈볼라가 발사한 미사일 4,000여 발로 인해 이스라엘에 있던 약 160명이 희생됐다. 인명 피해뿐만 아니라 다른 피해상황도 처참했다. 폭격으로 인해 공항, 항만시설은 물론 전력선과 발전소, 도로, 교량, 병원, 학교, 공장 등이 파괴됐다. 그러나 이스라엘에 있던 세계 최대의 반도체회사 인텔은 미리 마련해 둔 업무 연속성 계획을 즉각 가동해 미사일이 날아오는 전쟁상황에서도 업무가 가능하도록 했다.

일본 고베지진의 영향과 피해

1995년 1월 17일 새벽 5시 46분 발생한 M7.2의 고베지진은 지진 발생 당일, 일본 전체 수출입의 5분의 1을 담당하던 고베항을 초토화시켰다. 사회 기반시설이 마비됐고 엄청난 인원의 부상자로 인해 주변 지역에 진출한 글로벌 회사를 포함한 수많은 공장의 조업이 중단됐다. 지진이 있은 뒤 사람들의 출근 수단인 철도와 도로가 손상돼 수많은 기업 직원들이 수일 혹은 수 주일간 출근하지 못했다.

스미토모금속공업 住友金屬工業의 오사카 공장은 지진 피해는 보지 않았으나 가스와 수도 공급이 단절돼 조업을 중단해야 했다. 이 공장은 토요타 판매용 자동차에 사용되는 브레이크 패드의 대부분을 공급하고 있었다. 토요타는 부품생산 공정에 감량계획을 실시하고 있었기 때문에 해당 부품의 재고가 없었다. 다른 공장에서도 이 부품의 재고가 곧 바닥났다.

　결국 토요타 공장의 작업은 중단됐다. 부품이 부족함에 따라 토요타는 당시 2만여 대의 자동차, 즉 매출액으로는 2억 달러 규모의 손실을 입었다. 혼다, 마쓰다, 미쓰비시, 닛산 등 일본 자동차회사들도 고베 지역에 있던 공급업체들이나 공장들로부터 비슷한 문제를 겪었다. 이 업체들도 부품 공급이 지연되거나 중단되어 약 1만 6,000여 대의 자동차 생산에 차질을 빚었다. 공장 피해를 면한 업체들도 고전하긴 마찬가지였다. 고베 지역의 인프라 자체가 큰 손상을 입었기 때문이다.

　트럭과 철도를 통해 이루어졌던 수송 수단을 바꾸는 데도 상당한 시간이 걸렸다. 당시 세계 2위 경제대국이었던 일본에는 대부분의 글로벌 회사가 진출해 있었고 고베 지역에도 상당수 자리하고 있었다. 당시 지진으로 캐터필러Caterpillar, 텍사스인스트루먼트Texas Instraments, 아이비엠, 피앤지P&G의 일본 본부가 직접적인 피해를 봤다. 다국적 기업에 납품하고 있던 많은 공급업체들도 고베지진으로 업무가 중단되어 고베에 진출하지 않았던 미국 기업에까지 간접 피해를 주게 되었다. 애플Apple은 고베에서 생산하던 모니터 공급에 차질을 빚자 당시 파워북 컴퓨터의 생산을 줄여야만 했다. 크라이슬러Chrysler도 부품 부족으로 일부 미국 공장의 문을 닫다시피 했다. 고베지진은 위기관리에 미흡했던 기업들에게 큰 피해를 남겼다.

노키아와 에릭슨의 엇갈린 위기대응

위기가 닥쳤을 때 빠른 대처가 얼마나 중요한지 명확히 보여주는 사례가 있다. 2000년 3월 미국 뉴멕시코 사막에 위치한 필립스Philips 반도체공장에서 화재가 났다. 갑작스러운 번개로 일어난 화재는 10분 만에 진화됐지만 반도체 공정의 가장 중요한 클린룸Clean room과 웨이퍼Wafer²가 진화 과정에서 오염된 데다 연기가 전체 시설로 퍼져 피해가 커졌다. 화재 직후 필립스는 이 공장의 반도체부품을 공급받는 노키아Nokia와 에릭슨Ericsson에 일주일간의 조업이 중단될 거라는 내용을 통보했다.

당시만 해도 이 화재가 중대한 비상사태로 발전할 것이라고 단정할 만한 뚜렷한 근거는 어디에도 보이지 않았다. 하지만, 노키아는 그 사태를 예의 주시할 필요가 있다고 판단했다. 즉시 문제의 부품을 특별관리 품목에 올리고 전 부서에 그 사실을 알렸다. 위기관리부서가 중심이 되어 대응체계를 갖춘 상태에서 필립스와 긴밀한 연락을 취하면서 상황을 점검했다. 필립스는 화재가 발생한 지 2주일 뒤에 생산공정을 정상화하는 데 몇 개월이 더 걸릴 수도 있다는 사실을 알게 됐다. 노키아는 그 즉시 전 세계 필립스 공장의 생산 여력을 모두 노키아에 집중할 것을 강력히 요구했다.

---

2. 반도체의 재료가 되는 얇은 원판

불이 난 공장의 부품을 사용하고 있던 에릭슨도 사고 발생 후 노키아와 비슷한 시점에 필립스로부터 같은 내용의 연락을 받았다. 그러나 에릭슨의 담당자는 일주일만 지나면 사태가 해결될 것으로 보고 별다른 조치를 취하지 않았다. 상부에 상황을 보고하지 않았으며, 화재로 비롯될 충격과 파장에 대해 깊이 조사하려고 하지도 않았다. 글로벌 공급망 체계에서 잠시 수급이 지연되는 일은 흔히 있는 일이니 문제가 불거지면 그때 가서 다른 공급처를 알아봐도 될 것이라고 생각하고는 대수롭지 않게 여긴 것이었다. 몇 주가 지난 후에야 사태가 심각한 지경에 이르렀다는 사실을 파악한 에릭슨의 경영진은 필립스로 달려갔지만 이미 때는 늦었다. 필립스의 모든 생산 여력이 노키아에 투하됐기 때문에 에릭슨을 도울 방법이 없었다.

다른 반도체 공급처 역시 노키아가 이미 동원 가능한 설비를 모두 장악한 상태였다. 결과적으로 에릭슨은 안이한 늑장 대처로 플랜B를 가질 수 없었다. 2000년 한 해만 휴대전화 사업부문에서 25억 달러의 적자를 기록한 에릭슨은 2001년 세계시장 점유율이 6.7퍼센트로 전년도의 10퍼센트에서 급격히 하락했다. 휴대전화 생산을 전면 중단하는 등의 비상조치를 취했지만 실효를 거두지 못한 끝에 결국 소니와 지분을 절반씩 나눠 '소니에릭슨'으로 간판을 바꿔다는 길을 택해야 했다. 위기에 몰린 에릭슨에 비해 반사이익反射利益을 톡톡히 챙긴 것은 노키아였다.

필립스 공장 화재에서 비롯된 일련의 사태와 그 결과는 기업의 위

노키아의 위기관리 대응체계

업체	사건개요	피해사항	대응방안	효과
노키아(핀란드), 에릭슨(스웨덴) • 세계 최대 휴대폰 제조사 및 경쟁사 2곳	• 2000년 3월 17일 미국 필립스 반도체공장에서 낙뢰로 인한 화재 발생. 10분 만에 진화되었으나 연기와 그을음 및 소방서 작업의 먼지 등으로 반도체 클린룸 오염 • 4개 제조라인 중 2개 가열	〈필립스〉 • 400만 개 휴대폰에 사용할 수 있는 칩 문제에 문제 발생 • 화재로 인한 손실은 약 4,000만 달러, 매출손실은 2000년 말 필립스 반도체 총 매출액인 68억 달러의 0.6퍼센트 수준 • 정상적인 재가동까지 9개월 이상 소요 • 화재로 인해 손상된 부품이 40퍼센트인 노키아와 에릭슨에게 공급할 부품으로 두 회사에 치명적 영향 초래	〈노키아〉 • 화재 여파로 노키아 휴대폰 부품 공급 문제 발생(5개 종류 IC 부품 공급 차질) • 매일 필립스의 현황을 체크하고 부품 공급 재개시기까지의 일정을 감안하여 30명의 팀을 구성하여 세계 각 지역에서 5개 중 3개의 대체 부품 물색 • 특히, 필립스 또는 필립스 협력회사에서만 생산 가능한 부품(2개)에 대해서는 필립스의 타 지역 공장 생산현황까지 문의하면서 공급해줄 것을 강력히 요구하는 등 공격적인 대응전략 전개	• 협력회사와의 점차한 협동을 통해 노키아는 자사 고객들에게 불편을 주지 않으면서 계획했던 제품들을 모두 생산 • 화재 6개월 후, 노키아의 휴대폰 시장 연간 점유율은 27퍼센트에서 30퍼센트로 증가 • 이후 노키아는 협력업체 대부분에 업무 연속성 계획 수립을 요구하는 등 사업 연속성 관리를 적극 추진
			〈에릭슨〉 • 적극적인 대응은 하지 못함.	• 3개월 만에 30~40억 스웨덴 크로네(3.5~4.6억 달러) 손실 • 2000년 말 휴대폰 부문 손실액: 16억 스웨덴 크로네(1.87억 달러) • 시장점유율 감소: 12퍼센트 → 9퍼센트

기관리 측면에서 시사하는 바가 크다. 작은 문제나 충격이라도 발생 시점에서 재빨리 내용을 감지해 조직 전체에 전파하는 것이 중요하다.

위기상황에서 나뉘는 실패와 성공

위기가 발생했을 때 빠른 대처도 중요하지만 무엇보다 위기를 '내부화'하는 것은 위기관리의 출발점이자 성공적인 대응의 관건이다. 사실 노키아와 에릭슨이 필립스로부터 사고를 브고 받았을 때는 비교적 낮은 수준의 위기단계였다. 빠른 시일 내에 희복이 가능하다는 메시지를 동반하고 있었기 때문에 그 내용을 읽은 담당자 입장에서는 대응태세를 결정하기 어려웠을 것이다. 그러나 같은 사태에 대해 두 회사가 각기 다른 방식으로 초기 대응에 나섰고 그 결과는 판이했다.

필립스 공장 화재에서 노키아는 문제를 감지하는 순간 곧바로 주요 담당자로 구성된 위기대응 태스크포스TF를 조직하고 대체부품 공급 채널과 내부 잉여자원을 미리 확보해 놓는 등 효율적인 대응태세를 가동해 피해를 최소화했다.

이처럼 문제가 생겼을 때 위기를 곧바로 내부화하여 신속하고 유연하게 대응하면서 빠른 시간 내에 충격에서 회복할 수 있는 탄력성을 기르는 것이야말로 위기관리의 핵심이다. 생산부품과 생산과정, 그리고 생산방식을 표준화함으로써 이들 요소들이 호환성을 갖게 하면 부족한 분야에서 이들을 사용할 수 있는 선택사항이 생기게 된다.

물론 그렇다고 해서 막대한 자원을 투입하여 모든 사업장, 생산시설을 요새로 만들고 산더미처럼 재고를 쌓도록 하자는 의미는 아니다. 위기가 발생하는 경우 기업은 대체 부품이나 대체 공급업체를 활용할 수도 있다. 피해를 입은 부품을 빼내고 대체 프로세스를 사용하거나 비즈니스활동의 흐름을 바꿀 수도 있다.

전 세계에 걸쳐 수많은 협력업체, 유통·물류업체와 거미줄처럼 얽혀 있는 네트워크에서 기업이 직면하는 충격의 종류와 원인은 셀 수 없이 많다. 생산라인이 멈출 수 있는 직접적 원인은 비단 공장 내부에서뿐 아니라 납품업체 공장이나 운송 시스템, 통신과 정보 시스템 등 어느 쪽에서든지 생길 수 있다.

1999년 대만 대지진으로 야기된 반도체 공급 차질에 대한 델Dell과 애플의 대응 역시 비슷한 맥락에서 살펴볼 수 있다. M7.6의 강진으로 전기 공급이 중단되면서 컴퓨터 칩으로 쓰일 반도체 웨이퍼가 모두 못쓰게 됐다. 소수의 공급업체에 대한 의존도가 높은 글로벌 공급망의 취약점을 미리 간파했던 델은 오래전부터 '주문-생산-출하' 과정을 최소화 하고, 반복하면서 특정 모델이나 가격에 얽매이지 않는 유연성을 확보해두고 있었다.

그러나 신제품 개발에만 몰두했던 애플은 소수 부품 공급업체와의 장기공급계약에 매달린 나머지 지진으로 인한 부품조달의 차질을 메울 만한 대체 공급원이 마땅치 않았다. 결국 회사의 사활을 걸고 야심차게 준비한 노트북인 아이북iBook을 소비자에게 제때 제공할 수 없었다. 그 결과 애플은 시장을 잃은 반면, 델은 그해 3분기 순익을 전년 대비 41퍼센트나 높이는 성과를 거두었다.

성공한 실패

미국은 1961년부터 1972년까지 미국항공우주국NASA에 의해 추진된 우주비행 탐사계획, 아폴로 프로그램을 통해 당시 러시아로 기울었던 우주산업에 대한 주권을 잡아챘다. 특히 아폴로 11호가 1969년 7월 16~24일 인류 최초로 달 착륙에 성공하고, 연이어 아폴로 12호 역시 무사히 달에 착륙하여 31시간 동안 달의 표면을 탐사하면서 그 자신감은 극에 다다랐다. 하지만 이러한 아폴로 우주 프로그램의 성공은 많은 시행착오와 실패의 결과로 이루어진 것이었다.

사전에 우주비행을 시험하던 중 아폴로 1호 우주선에 화재가 발생해 우주비행사 3명이 사망했다. 아폴로 11호의 경우 달에 착륙할 때 우주선 컴퓨터에 예기치 못한 오류가 발생해서 달 착륙을 포기해야 할지도 모르는 위기상황이 벌어지기도 했다. 화재 사고를 철저하게 조사한 결과, 아폴로 우주 프로그램의 설계, 엔지니어링, 테스트 계획, 제조 과정 그리고 품질관리 전반에 걸쳐 대대적인 변경 작업이 필요하다는 지적이 나왔다. 그 후 21개월 동안 진행된 대대적인 변경 작업을 통해, 최초의 유인 우주선이 성공적으로 발사되었다.

아폴로 13호 우주 프로그램의 위기

아폴로 우주 프로그램 중 가장 잘 알려진 위기는 아폴로 13호 임무에서 발생했다. 실제로 1970년 4월 11일 진행된 아폴로 13호 발사는 공중파에 중계되지도 않았다. 11호, 12호가 무사히 달에 진입하였기 때문에, 인간의 달 착륙은 더 이상 새롭지 않은 일상적 사건이라고 판단한 방송사들이 중계하지 않았던 것이다.

발사 이틀 후, 아폴로 13호에서 알 수 없는 폭발로 인한 장애가 발생했다. 당시 우주비행사 제임스 러벨 James Lovell[3]은 휴스턴에 있는 관제센터에 다급한 목소리로 메시지를 보냈다.

"휴스턴, 여기 문제가 생겼다!(Houston, We've had a problem here!)"

지구에서 32만1,860킬로미터나 떨어진 우주 공간에서 날아든 이 한마디로 휴스턴 관제센터는 초긴장 상태에 빠졌다. 원인은 산소탱크였다. 산소탱크가 폭발하면서 선체에 고장을 일으킨 것이었다.

엄습하는 죽음의 위협과 해결이 불가능해 보이는 기술적 문제에 맞닥뜨린 상황에서 아폴로 13호 우주비행사들이 택할 수 있는 유일한 방법은 달 착륙 임무를 중단하고 달을 한 바퀴 선회해서 지구로 귀환하는 것뿐이었다. 당시 그 누구도 예상하지 못했던 아폴로 13호 폭발은 한마디로 '블랙스완 Black Swan[4]'이었다.

---

[3]. 영화 〈아폴로 13〉에서 톰 행크스가 연기한 인물. 아폴로 13호의 선장을 맡았고, 4회 우주 비행을 한 군인이자 미국 우주비행사다.

구글Google이나 페이스북Facebook의 성공, 위키디피아Wikipedia의 출현과 위키리크스wikileaks[5] 사태, 9.11 테러, 세계 금융위기, 그리고 2011년 동일본 대지진까지 이 모든 것들은 현대판 블랙스완의 전형적인 예라고 할 수 있다. 이들은 공통적으로 예전에는 상상조차 할 수 없던 사건들, 예기치 못한 일들, 알려지지 않았던 일들이 언제든 나타날 수 있다는 점을 우리에게 생생하게 보여준다.

　기업 경영도 마찬가지다. 최악의 부패 스캔들, 회계 부정, 대규모 리콜로 인한 몰락, 세계 금융위기 등…. 조직이 승승장구하고 있다는 자만심이 팽배해 있어 미처 대비하지 못한 상태에서, 예상하지 못했던 수많은 위기상황을 겪게 된 경우를 우리는 종종 볼 수 있다.

　기업이 블랙스완의 출현을 애써 부정하려 할 때 기업의 몰락이 시작된다는 사실은 이제 누구도 부정할 수 없는 불편한 진실로 다가온다. 결론적으로 말해, 아폴로 13호의 위기대응 프로그램은 위기상황을 효과적으로 극복하는 능력을 보여줬고, 우주비행사들은 무사히 지구로 돌아올 수 있었다. 오늘날 기업들이 아폴로 13호 사례를 통해 시사점을 얻을 수 있는 이유다.

---

4. 블랙스완은 9.11 테러나 세계 금융위기 등 과거에 상상조차 할 수 없었던 일이 '검은 백조'처럼 현실에 나타날 수 있음을 비유한 표현이다.
5. 정부나 기업 등의 비윤리적 행위와 관련된 비밀 문서를 폭로하는 웹사이트

위기관리의 효과적 작동원리

기업, 그리고 경영진의 리더십을 테스트하는 데 '위기'보다 더 좋은 것은 없다. 기업의 관점에서 보면, 각 조직이 위기관리를 통해 달성하려는 전략적 목표를 공유하고 이에 따른 평가 기준을 수립해서 경영진의 위기대응 의사결정을 지원할 때, 그리고 그러한 일련의 작업들이 기업의 주요 이해관계자들의 이해와 맞아떨어질 때, 기업의 위기관리체계가 효과적으로 작동한다고 말할 수 있다.

아폴로 13호의 경우, 우주비행사와 휴스턴 관제센터 사이에 형성된 강력한 협업관계relationship는 임무를 수행하는 동안 조직구성원 모두가 일을 정확하게 처리하는 데 도움이 되었다. 이처럼 잘 형성된 관계는 위기가 발생했을 때 모든 업무가 정상적으로 수행되는 데 큰 기여를 했다.

우주비행 미션의 중심은 중앙 관제센터였다. 우주비행선이 이륙한 후 지구로 귀환할 때까지 모든 비행임무는 비행통제관flight controller의 지휘 아래에 있었다. 비행통제관은 우주비행 임무의 성공과 우주비행사들의 안전에 모든 책임을 지고 있었다.

이렇게 형성된 책임과 신념은 예기치 못한 위기상황에서도 우주비행 임무의 최종 성패를 가늠하는 가장 중요한 역할을 수행한 것이다. 기업의 이사회, CEO를 포함한 경영진 역시 이 같은 책임과 신념을 갖고 있어야 한다. 경영진은 다음과 같은 요소를 포함하는 위기관리체계를 구축해 기업을 조여 오는 중대한 위기에 대응해야 한다. 또

위기상황에서는 위기에 대응하려는 경영진의 의지가 매우 중요하다.

불확실성의 시대에 기업의 생존 및 성장을 위한 위기 접근법[6]은 조직의 전략·운영·경영관리 시스템, 기업지배구조 그리고 의사결정 지원 체계를 일치하도록 만든다. 그렇기 때문에 기업이 끊임없이 변하는 위험에 대응하고 주요 수익원을 지속적으로 지킬 수 있도록 돕는 훌륭한 위기관리 수단이 된다. 이를 통해 조직에 위협이자 기회가 될 수 있는 비즈니스 트렌드를 신속하게 감지하고 이에 대응하는 실행계획을 수립한다면 경쟁사 대비 확실한 경쟁우위를 확보할 수 있다.

기업 경영의 잠재적 위험요소

그렇다면, 경영진은 눈에 보이지 않는 잠재적 위기는 어떻게 대처해야 할까? 2009년에 전 세계를 감염의 공포로 몰고 간 신종플루를 예로 들어보자.

세계보건기구는 2009년 9월 27일 전 세계 신종플루 감염자가 34만여 명에 이르고, 사망자는 4,000명을 넘어섰다고 발표했다. 당시 한

---

[6]. [Deloitte Review] Risk Intelligent Decision-Making: Ten essential skills for surviving and thriving in uncertainty, 2011년 3월 15일/ '질주하는 기업에 리스크는 필수, 피하지 말고 부딪쳐라' 불확실성 시대, 기업의 리스크 접근법은?, 《동아비즈니스리뷰》, 2011년 3월 26일자 참조.

국에서도 사망자가 10명을 넘어섰다. 신종플루와 같은 독감 바이러스는 날씨가 서늘해지면서 전염될 위험이 높아진다. 백신에 저항력을 갖거나, 치사율이 더 높은 변종이 나타날 가능성도 있다. 실제로 세계보건기구는 10월 4일 터키 이스탄불에서 열린 기자회견에서 "특히 빈곤국들이 신종플루의 폭발적 발생 위험에 직면해 있으며 변종 바이러스가 출몰할 수도 있다"고 경고했다.

미국과 일본 등 선진국의 주요 기업들은 속속 신종플루에 대비한 비상 계획을 세웠다. 딜로이트는 90페이지에 이르는 〈신종플루 대응 계획Influenza Preparedness and Response Plan Template〉을 배포했으며, 아이비엠 역시 상세 매뉴얼을 통해 위기에 적극적으로 대처했다.

뱅크오브아메리카는 신종플루로 사무실에 나오지 못하는 직원들을 위해 원격회의와 재택근무 전략을 수립했다. 일본에서는 정부가 나서 중소기업들까지 신종플루 대응 계획을 세웠다.

선진국 기업들이 이렇게 신종플루 문제에 적극적으로 대처했던 이유는 대규모 전염병이 기업의 활동과 이익에 막대한 피해를 가져올 수 있었기 때문이다. 미국 워싱턴DC에서 열린 신종플루 청문회에서는 "부적절한 대응은 기업에 200억 달러에 이르는 손실을 가져올 수 있다"는 보고가 나왔다. 그러나 대부분의 한국 기업들은 체계적인 준비와 대응책을 내놓지 못했다. 대다수 기업들이 임직원의 개인위생을 강화시키거나 감염자를 격리하는 등의 소극적인 예방활동에 그쳤다.

준비하는 기업 vs. 그렇지 못한 기업

선진 기업들은 신종플루 등 전염병으로 인한 위기를 파악하고, 그에 구체적으로 대응하기 위해 업무 연속성 계획을 활용했다.

신종플루 관련 업무 연속성 계획은 발생 단계별 사업 운영 체계(예: 교차근무, 재택근무)를 미리 계획하고, 비상시 이를 실현할 수 있는 자원(인력, 물자, 프로세스, 시설)을 확보하는 것을 그 내용으로 한다. 업무 연속성 계획을 도입한 기업은 전염병의 대유행기에도 핵심 업무를 일정 수준으로 지속할 수 있다. 또 질병이 경영에 미치는 영향을 최소화해 빠른 경영 정상화를 기대할 수 있다. 하지만 업무 연속성 계획이 없는 곳은 감염된 임직원들이 결근해 조업률이 급격히 떨어지고, 핵심 업무가 중단됨은 물론, 경영진을 포함한 핵심 인력이 감염될 경우 제품 생산 또는 서비스 제공이 불가능하게 된다. 결국에는 납기를 제때 못 맞춰 고객이나 거래처의 신뢰를 잃게 되고 법적 소송까지 당할 수 있기 때문이다.

최악의 상황을 생각하라

위기관리의 기본은 최악을 상정하는 것이다. 그래야 더 적극적이고 체계적인 준비와 대응책을 내놓을 수 있다. 신종플루가 전 세계적으로 유행하면 유통과 물류망이 마비되고 사망자와 감염자가 늘어난다. 그에 따라 노동력이 크게 부족해지며 거래처가 제때 납품을 하지 못해 조업이 중단될 가능성이 있다.

특히 현재 기업들이 많이 사용하는 '적기 공급 방식Just-In-Time'은 전염병 창궐과 같은 위기상황에 매우 취약하다. 정확한 시간에 재화와 서비스를 유통한다는 것은 대단히 효과적인 개념이지만, 유행성 질병이 돌 때는 오히려 공급망과 제품생산 시스템을 한순간에 무너뜨릴 수 있기 때문이다.

최악의 상황이 닥치면 전 세계적인 경제활동 위축과 교역량 감소에다 금융시장까지 불안해질 수 있다. '체력'이 부족한 기업은 무너질 수밖에 없다. 물론 이런 내용은 미국 질병통제센터에서 최악의 시나리오로 제시했던 상황, 즉 미국에서만 수백만 명이 감염되고 10만 명이 사망하는 사태가 벌어져야 현실화됐을 것이다. 하지만 신종플루가 상대적으로 덜 심각한 수준으로 유행했더라도 기업이 실질적으로 감내해야 할 손해는 만만치 않았다. 사스로 인해 2003년 2분기 홍콩 경제는 마이너스 성장을 기록했고, 중국의 경제성장률은 두 자릿수에서 한 자릿수로 떨어졌다.

기업들은 오래전부터 화재와 풍수해 등 자연재해에 대한 대비책을 마련해왔다. 하지만 유행성 질병에 대한 대응책 수립은 그 역사가 길지 않다. 오늘날과 같이 세계가 통합되기 전에는 전염병은 국지적 문제로 머물러, 피해 지역 밖의 기업들에 미치는 영향은 거의 없었기 때문이다. 그렇지만 이제 세계는 하나의 유기체가 됐으며, 보다 심각한 문제는 신종플루 등 유행성 질병이 초래하는 위기와 자연재해 등으로 인한 기존의 경영 위기는 너무나 성격이 다르다는 점이다.

따라서 기업 경영진은 무엇보다도 신종플루와 같은 전염병도 기업의 위기관리 문제와 직결돼 있음을 명심해야 한다. 물론 지나친 불안감과 우려는 바람직하지 않지만, 기업의 영속성을 위해서는 언제나 최악의 시나리오를 상정하고 돌다리도 두드려 보는 신중한 자세가 필요하다.

최근 에볼라 바이러스가 확산되면서 신종플르와 사스로 인한 공포가 다시 떠오르고 있다. 도처에 위험이 널린 세상이다. 어디서 지뢰가 터지고 어디서 암초가 돌출할지 예측하기 힘들다. 전염병처럼 잠재된 위험일수록 더하다. 위기의 파장 또한 거대 기업의 명운을 좌우할 만큼 그 강도와 깊이가 심화되는 추세다. 변화하는 시대의 흐름을 감지하고 경영환경의 불확실성을 예측하며 위험을 관리하는 대응능력을 확보했는지가 기업의 생사를 가늠하는 중대 변수로 자리매김하고 있다.

《예시》 신종플루 발생 단계별 주요 영향과 업무 연속성 계획

구분	제1단계 해외 발생기	제2단계 국내 발생 초기
임직원	• 해외 출장 중단 • 해외 임직원 및 가족 귀국	• 의심, 확진 환자 발생 • 국내 출장 통제, 중지
물류/물자	–	–
자금	–	–
인프라	–	–
기업 경영	• 발생국 사업장의 휴업 또는 사업 축소	• 발생 지역 사업장의 휴업 또는 사업 축소 (예: 고객 응대 업무 중지)
업무 연속성 계획 적용	• 비상대책위원회/위기대응팀 소집 • 모니터링 실시 • 예방활동 준비	• 감염자 통제, 예방활동 수행 • 비상경영체제 가동 (핵심 업무 집중, 대체/교대 인력 팀 구성, 비상연락망 가동)

제3단계	제4단계
감염 확대기 > 만연기(대유행) > 회복기	소강기
• 전체 인원 대비 40퍼센트 결근자 발생(최악의 경우이며, 본인 감염이 아닌 가족 감염자 간호나 학교/학원의 휴교령으로 인한 자녀 보호 때문에 생기는 결근도 포함) • 통근 수단 제한 • 재택근무 증가	• 치료, 완치자에 한해 업무 복귀, 결근율 감소, 조업률 증가
• 해외 공급망 마비(수입 중단), 협력회사 업무 중단 등 혼란으로 인한 원재료 및 물자 공급 중단 사태 확대 • 집배, 배송 업무 종사 인원이 부족해 관련 업무 지연 또는 중단 • 기업 보유 재고품, 비축품이 부족한 상황 발생	• 관련 인력 복귀와 제한적 수준의 공급망 재개
• 자금 조달과 지급, 결제 업무의 일부 지연이나 마비 등으로 혼란	–
• 사회 기능 유지에 관한 업무만 계속, 불요불급한 업무는 중단 • 대중교통의 운행 횟수 감소, 이용자의 접촉을 줄이기 위한 통제 실시 • 행정 서비스 역시 국민 생활 유지에 필요한 부분에만 국한돼 유지, 기업활동 위축 • 금융기관은 최소한의 현금 입·지급, 결제 업무와 ATM 기능만 유지, 그 외 업무 축소, 중단	• 관련 종사자의 회복/완치율에 따라 서비스 정상화 수준과 기간이 달라짐
• 사업장 휴업, 업무 축소 운영과 중단 심화 • 노동력/원재료 부족, 자금 회전 악화, 상품 판매망이 가로막혀 기업의 경영이 악화 • 대고객 서비스 업무의 전면 중단 • 기업 경영진의 감염으로 주요 의사결정이 마비	• 다수 기업의 경영 정상화 실패 • 휴/폐업 기업 속출
• 비상대책위원회 중심으로 업무 수행률, 결근율, 거래처상황, 회사 재무상황, 현금 흐름 등을 지속적으로 모니터링하고 주요 의사결정 수행 • 비즈니스 영향 분석을 통해 도출한 업무 우선순위와 업무 연속성 계획 대응/복구 계획에 따라 대체 인력 투입, 대체 사업 장소 가동, 비축 자원 확보 등으로 핵심 업무 연속성 확보	• 모니터링 실시 • 업무 정상화에 집중, 사후관리 • 대유행 제2파, 제3파 발생과 영향 장기화에 대비

2장

위기를
성장의 기회로

　　　　　　재해와 같은 엄청난 스트레스가 닥치면 인간의 인체는 즉각적이고 반사적으로 생존 반응을 한다. 우리 몸속에 선천적으로 프로그램화된 '방어기제 defense mechanism'가 작용한 결과다. 여기에 후천적으로 만들어진 뛰어난 방어기제가 가세하는데, 이는 경험과 훈련을 통해 습득된 것이다.

　경찰, 군인, 우주비행사를 훈련시키는 전문가들은 공통적으로 "실제 위협은 준비 단계에 미치지 못한다"고 말한다. 그만큼 미리 준비하고 대응하는 게 매우 중요하며, 더 많이 준비할수록 비상시 상황을 통제할 수 있다는 의식이 강해지고 공포심이 줄어든다는 것이다. 9.11 테러 당시 미국 뉴욕의 세계무역센터에 있던 사람 중 비상계단이 어디 있는지 눈여겨보았거나, 대피훈련에 한 번이라도 참여했던 사람이 그렇지 않았던 사람보다 부상을 당하거나 장기적인 건강문제에 시달리는 확률이 훨씬 적었다.

이를 기업에 적용하면, 기업의 회복탄력성은 드물면서도 큰 파장을 가져오는 충격으로부터 정상적인 기업활동을 유지할 수 있는 능력과 속도인 것이다. 즉 위기상황에서도 핵심적인 목표를 달성할 수 있는 기업의 역량이다. 이는 앞서 언급한 경험과 훈련, 그리고 준비를 통해 만들어지는 '제2의 방어기제'라고 할 수 있다. 회복탄력성을 갖고 있는 기업은 예측이 가능한 사건사고뿐 아니라 불확실한 상황에서도 빠른 업무 재개와 정상화가 가능하다. 당신이 경영진이라면 기업이 위기상황에 얼마나 탄력적인지, 얼마나 빠르고 완벽하게 비즈니스를 정상으로 회복시킬 수 있는지, 이를 위해 어떠한 대응능력과 체계를 갖추고 있는지, 진지하게 고려해보아야 한다. 이와 같이 위기를 성장의 기회로 전환시키려면 어떤 전략들이 필요할까?

가정을 다시 한 번 확인하라

우선 경영환경과 현재 비즈니스 모델에 대한 가정assumption을 잘 이해하고 이에 대립되는 반대 명제anti-theses를 제시하는 것이 중요하다. 이로써 기업은 앞으로 일어날 주요 변화를 예측하고, 그 변화가 기업에 도움이 될지 혹은 악영향을 미칠지 파악할 수 있다. 규모의 크고 작음과 상관없이 많은 기업들은 정해진 일정에 따라 외부 환경을 분석·예측하고 각 사업부의 성과와 전략을 검토한다. 또한 기업 내 자원을 파악해 이듬해 사업을 확정하고 예산을 배분하면 기업의 전략이 완성된 것으로 착각한다. 문제는 이런 작업이 붕어빵 찍듯이 정해진 절차에 따라 매년 반복해서 이뤄지기 때문에, 기업의 운명을 결정할지도 모르는 전략적 사안을 해결해주지 못할 때가 많다. 게다가 시스템에 대한 과신으로 기업이 위기에 빠지는 경우가 적지 않다.

경영 현장에서는 복잡하고 불확실한 변화 속에서 처음 계획했던 대로 일이 진행되지 않거나, 사업 여건이 예정대로 흘러가지 않기도 한다. 사전에 분석해 모든 결과를 완벽하게 예측한 뒤 전략을 수립하는 것은 한계가 있다는 것을 일찌감치 인정해야 한다. 예상치 못한 상황이 발생하는 사고 현장에서도 마찬가지이다. 새로운 기술, 체계, 문서를 만드는 대신 실제 사용이 가능한지 그 효과가 검증되지 않은 기존의 매뉴얼에 대한 재검증이 우선일 것이다.

주의와 경계를 늦추지 마라

변화를 조기에 발견하고 위험에 대한 사전준비와 신속한 대응이 가능해야 한다. 위기상황에 주어진 여러 경고와 신호들에 주의를 더 기울이면, 효과적으로 새로운 기회를 포착하여 위기에 대처할 수 있다.

미국 국가교통안전국의 '학습, 조정' 접근법

사람들과 소통하는 커뮤니케이션 능력이 발전할 수 있는 것과 마찬가지로, 위기에 대응하는 능력 역시 개선될 수 있다. 미국 국가교통안전위원회 전 국장인 짐 홀Jim Hall에 따르면, 과거에는 미국 국가교통안전위원회가 도착하기 전에 〈투데이쇼Today Show[7]〉와 같은 미디어에서 먼저 사고 현장에 관한 기사를 보도하는 경우가 종종 있었다고 한다. 그래서 홀 국장은 워싱턴에 있는 미국 국가교통안전위원회 본사에 24시간통신센터24-hour communications center의 창설을 지휘하였다.

이 센터는 교통과 관련된 모든 사건과 소식에 관한 세계 소식을 지속적으로 모니터링한다. 이는 미국 국가교통안전위원회로 하여금 사고에 관한 소식을 실시간으로 알도록 했으며 즉각적으로 긴급파견수사반을 현장에 보낼 수 있게 해주었다. 24시간 통신센터는 또한 사고 전문 조사관들이 조사에만 집중할 수 있도록 조사에 필요한 모든 실행계획을 준비해준다. 이들이 위기에 접근하는 여섯 가지 방법은 다음과 같다.

1. 대비하라

훈련이 완벽함을 만든다. 위기가 발생한 바로 그 시점에 반응한

---

[7] 미국의 24시간 뉴스 프로그램

다면 이미 늦은 것이다.

2. 조직화하고 가용성을 확보하라

최악을 가정하되 최선을 희망하여라. 그리고 그 어떤 상황에도 대응할 수 있도록 준비하라. 핵심 전력은 사용할 수 없는 경우를 대비하여 컨틴전시 계획 contingency plan[8]을 세워라.

3. 경험이 풍부한 리더를 활용하라

풍부한 위기대응 경험을 가지고, 정확히 무엇을 해야 하며, 조직을 어떻게 이끌어야 하는지를 이해하고 있는 적절한 리더를 갖추어라.

4. 관찰하고 평가하라

임직원, 경쟁회사 및 고객 사이에서 변화를 주의 깊게 살피고, 그들이 조직에 대하여 어떠한 말을 하고 있는지 모니터링하라.

5. 빠르게 대응하라

상황을 이해할 시간을 충분히 가져라. 하지만 대응은 빠르고 효율적으로 하라.

---

[8]. 위기를 예측하기 어려운 우발적인 상황에 대처하기 위한 경영기법

6. 위기에 대해 보고하라

무엇이 발생했는지에 대한 사후 결과보고를 내부적으로 하라. 그리고 그로부터 배운 교훈을 향후 추적 및 모니터링 프로세스 개선을 위해 적용하라.

속도와 모멘텀을 고려하라

"(좋든 나쁘든) 해당 사건이 일어날 가능성은 어느 정도인가?"라고 묻는 대신 "위기가 얼마나 긍정적으로 또는 부정적으로 전개될 수 있으며, 얼마나 빨리 진행될 수 있는가?"라고 질문하는 것이다. 이런 질문들은 위험 요인들의 크기와는 상관없이, 기업이 위기상황에서 민첩하게 정상으로 복귀할 수 있는 역량을 향상시키기 위해 무엇을 해야 하는지에 대한 체계를 잡을 수 있게 해준다.

위기에 신속하게 대처하는 기법: 사고지휘체계

사고지휘체계 Incident Command System는 재난이 닥쳤을 때, 지역·정부기관과 소방대원·경찰·응급의료요원과 자원봉사자를 포함한 자율적이면서도 상호 의존적인 다양한 조직의 활동을 조율하기 위한 임시적 지휘통제체계를 의미한다.

사고지휘체계는 처음 개발된 후로 다른 분야로 널리 확산되고 있다. 오클라호마 Oklahoma 폭탄테러 때 적용되었으며 이후 미국 국토안보부에서는 비상대응팀원들에게 사고지휘체계를 의무적으로 적용하도록 했다. 사고지휘체계는 허리케인 카트리나Katrina에 대응하는 데에도 활용되었는데, 훈련의 부족과 명확한 지휘계통의 부재로 크게 성공하지는 못했다.

여기에서는 캘리포니아California 산불 진압 소방관들이 개발한 사고지휘체계의 14가지 기본 요소를 나열해본다.

❶ 의사소통할 때 서로 이해하기 쉬운 공통의 용어를 사용
❷ 단일 지휘체계를 유지하면서도 사건과 상황에 적합한 조직을 구성
❸ 확실한 목표를 설정하고 관리할 수 있도록 문서화
❹ 사고행동 계획에 따라 대응전략을 전체적인 관점에서 조율
❺ 적정한 인원의 현장 실무자를 감독할 수 있는 통제 범위를 설정
❻ 사고지휘체계를 운영할 수 있도록 사전에 지정된 공간과 시설을 확보
❼ 자원을 분류·요청·파견·추적·복구하고 알맞은 때에 자원활용 내역을 보고할 수 있는 포괄적 자원관리 프로세스를 구비
❽ 공통의 계획을 개발하고 활용해 통합적 의사소통을 확보
❾ 우선 지휘권을 통해 명령체계를 수립하고 이전하는 프로세스를 마련
❿ 모든 참여자에게 감독자를 지정할 수 있도록 지휘체계를 구축
⓫ 여러 사건의 지휘자들이 하나의 팀으로 일할 수 있도록 관할권을 공통적으로 부여
⓬ 각 개인의 책임을 명확화

❸ 요청이 있는 경우에만 인력과 장비를 제공하도록 배치
❹ 사건과 관련된 정보를 수집하고 공유하는 정보관리 및 지식관리

핵심 연결망을 관리하라

인간이 생존하기 위해서는 '공기', '물', '음식' 세 가지의 필수 요소가 필요하다. 인간은 공기 없이는 3분, 물 없이는 3일, 음식물 없이는 3주 정도를 버틸 수 있다. 기업 역시 살아남기 위한 기본적인 요소들을 미리 정의해둬야 한다. 비즈니스 환경이 세계화되면서 복잡해지고, 서로 밀접한 연관성을 가지면서 일련의 사건들이 다른 사건에 어떻게 영향을 미치는지 파악하기가 훨씬 어려워졌다. '조직이 생존하기 위해 갖춰야 할 필수 요소는 무엇일까?', '필수 요소 없이 얼마나 오랫동안 살아남을 수 있을까?', '우리 회사가 허용할 수 있는 손실, 피해 수준은 최대 얼마일까?', '어느 정도의 비상상황까지 대비해야 할까?'와 같은 질문에 대한 시스템 사고[9]가 필요하다는 말이다.

---

9. 부분이 아닌 전체를 보기 위한 훈련으로 개별 사물보다는 상호연관성을, 정지된 상태가 아닌 변화의 패턴을 바라보는 프레임워크

SIPOC 분석

공급자Supplier, 투입자원Input, 프로세스Process, 산출물Output, 고객Customer의 영문 앞 글자를 딴 'SIPOC 분석'은 일반적으로 제품 생산 프로세스에 영향을 미칠 수 있는 모든 요인들을 식별하기 위해 사용된다. SIPOC 분석은 식스시그마six sigma[10], 전사적 품질관리Total Quality Management 등 품질과 절차 개선 방법론에서 비롯되었다.

이는 특정 프로세스 또는 산출물이 다른 프로세스 산출물과 어떻게 관련되는지를 파악하고, 한 부문에서의 혼란이나 장애물과 같은 문제가 전체에 어떻게 확산되는지 분석하는 데 매우 유용하다. 그러기 위해서는 몇가지 점검이 필요하다.

- 주요 공급자는 누구이며 무엇을 공급하는가?
- 자본, 부품, 인프라, 상품, 전문지식을 가지는 핵심 인력은 누구인가?
- 핵심 프로세스, 시스템, 설비는 무엇인가?
- 핵심 제품 또는 서비스는 무엇인가?
- 제품 또는 내부 및 외부 핵심 고객은 누구인가?
- 기업의 핵심 의존 요소 없이 얼마나 버틸 수 있는가?

점검이 끝났다면 불안 요소들이 개별 또는 복합적으로 발생할 경

---

[10]. 혁신적이고 과학적인 기준으로 품질을 높여 고객을 만족시키려는 경영전략

우인 최악의 상황을 미리 생각해보는 것이 중요하다.

- 대출한도
- 운전자본
- 최근 신용등급의 등락
- 핵심 부품 및 원자재 수급 불안
- 핵심 인력의 이동
- 주요 생산설비
- IT 시스템의 마비
- 핵심 제품 또는 서비스 제공 중단
- 유통·물류 마비
- 핵심 고객의 이탈 등

실패의 원인을 분석하고 예측하라

"이 선박을 침몰시킬 수 있는 그 어떤 상황도 상상할 수 없습니다. 인류 역사상 이처럼 훌륭한 기술이 쓰인 적이 없었고, 제어 장치들은 완벽해 문제가 생길 소지가 전무합니다."

100년 전 망망대해에서 침몰한 타이타닉 Titanic 호 선장 에드워드 스미스 Edward Smith 가 출항 전 한 말이다. 실패 또는 잠재적 실패가 생길지 식별해 논의하고, 적시에 의사소통하여 필요한 조치와 대응을 할 수 있도록 책임과 해결 능력이 있는 경영진에 보고하는 것은 매우 중요하다. 하지만 실패의 가능성에 대해 적극적으로 논의하는 것은 대부분 기업에서 가장 어려워하는 일 중 하나다. 어떤 기업이나 조직의 문화는 이런 의사소통을 거부하거나, 때로는 중요한 메시지가 상부에 전달될 때 왜곡되거나 지연되기도 한다.

레드팀, 화이트 햇

군대에서는 위험을 적보다 먼저 발견해내기 위해 스스로 적의 입장에서 아군을 공격하는 '레드팀Red Teams'을 수십 년간 활용해왔다. 처음 설립된 레드팀은 국가안보, 특히 국익에 민감한 군사기지와 시설을 테스트하기 위해 창설된 특수부대인 '네이비실팀Navy SEAL Team'이다. 레드팀 함대에게는 항구에 먼저 도착한 팀, 즉 '블루팀Blue Team'이 모든 방어조치를 한 뒤 블루팀을 공격하는 임무가 주어졌다. 레드팀은 블루팀이 포격이나 어뢰 공격에만 대비하고 있을 때 잠수부를 배치해서 블루팀의 선체에 폭탄을 부착해 승리를 거두었다. 이와 유사한 사례로 '화이트 햇White Hats'이 있다. 이들은 컴퓨터 시스템 혹은 네트워크가 외부 해커들에게 공격 당하기 전에 먼저 공격해서 취약점을 발견하는 것을 도와주는 윤리적인 해커들이다.

반면에 '블랙 햇Black Hats' 해커들은 네트워크 시스템의 취약점을 불법적으로 활용하는 해커들이다. 미국 국토안보부는 디지털 스파이 행위에 대한 대책을 확인하기 위한 사이버테러 대응 훈련인 '사이버스톰 1'과 '사이버스톰 2'를 실시·감독하면서 화이트 햇 해커들을 활용해 침투를 시도하게 했다. 이러한 훈련들은 통신과 교통 및 에너지 생산을 지원하는 디지털 기반시설에 대한 주요 공ᅟᅳᆷ을 대상으로 한다.

훈련을 통해 사이버 방어에서 부족한 점이 발견되었고, 방어에 할당된 자원이 충분하지 않다는 우려가 제기되었다. 같은 맥락에서, 미국의 종합화학회사 듀폰DuPont도 내부자원과 외부자원을 통해 중요한 사업상의 제안을 '공격'하기 위해 레드팀을 구성했다. 일단 취약점이 밝혀지면, 이를 기초로 시행 혹은 중단을 결정한다. 기업은 자신의 취약점을 먼저 예측하고 관리함으로써 실패를 막을 수 있는 것이다.

적용 범위의 폭을 넓혀라

전장戰場에서의 지휘통제는 영어로 지휘의 'Command'와 통제의 'Control'를 합쳐 'C2'라고 부른다. 여기에 통신과 정보, 즉 'Communication'과 'Intelligence'를 연결하면 'C3I', 그리고 컴퓨터에 의한 자동화 요소를 추가할 때 'Computer'까지 포함해 'C4I'라고 표현한다. 이 C4I 체계는, 어떤 특정한 시스템만을 지칭하는 것이 아니라, 하나의 무기체계에서부터 전장 내에 있는 전력 전반에 이르기까지 상당히 폭넓게 적용되는 용어이다.

실제로 C4I 체계가 최근 각광을 받으며 중요시되는 이유는, 단순한 무기체계로 운용되는 수준을 넘어서 부대나 감시 장비 그리고 각종 무기체계, 작전활동을 폭넓게 연결해서 이러한 전력들이 짧은 시간 안에 일사분란하게 작동할 수 있도록 한다는 데 있다.

현대전에서는 C4I에 정찰감시체계ISR와 정밀타격체계PGM까지 상호 연계·결합시켜 새로운 전투수행능력의 창출과 새로운 능력들의 시너지 효과에 특히 주목하고 있다. 즉, ISR과 C4I를 결합하면 적에 비해 전투공간에 대한 정보를 더 잘 알 수 있고, C4I와 PGM의 결합은 표적을 짧은 순간에 자동 타격할 수 있으며, ISR과 PGM이 결합되면 타격 결과를 다시 실시간으로 통제·평가할 수 있다.

이렇게 하면 전투행위를 신속하게 반복할 수 있어, 과거에는 상상조차 할 수 없었던 엄청난 효과를 얻을 수 있다. 현재 주목 받는 이러한 체계와 기능은 복잡하고 빠르게 변화하는 비즈니스 환경 속에서 생존과 성장을 하기 위한 기업 전략에 더욱 필요해 보인다.

안전마진을 확보하라

초대형 글로벌 기업이나 위기를 매우 효과적으로 운영하는 기업이더라도 잘못된 위기를 수용하면 과도한 차입, 부채로 도산할 수 있다. 이는 결국 기업 운영 시 실수나 오류에 대한 여유가 거의 없다는 것을 의미한다. 따라서 적절한 안전거리를 확보하고 유지하는 것에 특별히 주의를 기울여야 한다.

인텔의 '정확하게 모방하라!' 전략

인텔은 아일랜드부터 이스라엘, 중국과 미국에 걸쳐 공장을 갖고 있다. 이처럼 광범위하게 흩어진 조직에게는 위기 역시 광범위하게 온다. 캘리포니아의 정전, 오레곤의 지진, 필리핀의 태풍, 이스라엘의 테러공격 또는 말레이시아의 해적 등 다양한 위기상황을 겪는다. 하지만 2003년 사스가 아시아에 닥쳤을 때 인텔은 위기로부터 피해를 최소화 할 수 있었다.

반도체산업의 애널리스트들은 사스가 반도체 생산에 미치는 영향을 우려했다. 인텔, HP 등의 다국적 기업의 아시아 영업 및 마케팅 인력들이 사스에 감염될 수 있다고 보고했다. 2003년 4월 4일 아시아 전체의 전자제품 생산기지가 충격을 입을 가능성이 대두되기도 했다. 예를 들어, 모토로라 Motorola의 싱가포르 공장에서는 532명의 직원들 가운데 한 명이 감염되자 공장 전체가 문을 닫았다. 일부에서는 사스가 아시아 주요 도시를 휩쓸고 공공활동을 감소시킴으로써, 결국 인텔의 상하이 공장과 같은 다른 설비들도 마비시키지 않을까 우려했다.

그러나 인텔 상하이 공장은 그 피해를 최소화 했다. 그들은 '정확하게 모방하라 Copy Exactly!'라고 불리는 자신들의 전략에 따라 반도체 제조공장들을 정확히 똑같은 사양에 따라 건설한다. 그 때문에 전 세계에 있는 인텔의 공장은 서로 호환이 가능하다. 그들의 전략은 1980년대 중반에 복잡한 반도체 제조공정에 대처하기 위한 수단으로 시작되었다. 온도와 압력, 화학 구성 또는 취급하는 과정에서 조금이라도 차이가 나면, 수백 달러짜리 값비싼 칩들이 몇 백 개나 담긴 웨이퍼가 아무 쓸모없는 실리콘 디스크로 바뀔 수 있다. 인텔은 하나의 반도체 제조공정의 오류를 시정하고 진공 펌프 호스의 길이까지 모두 똑같은 공정이 되도록 다른 공장에도 적용했다.

이 전략은 인텔에 유연성을 제공했다. 생산 과정에서의 병목현상을 제거하고, 작업 중 재고를 서로 옮길 수 있게 해 생산 능력을 향상시켰다. 결국 인텔의 이러한 전략은 그들을 위기와 한발짝 떨어진 안전한 공간에 있을 수 있게 한 셈이다.

적절한 위기는 감수하라

장기적 성과보다 단기적 수익을 선호하는 기업은 결과적으로 성장과 생존이 불가능하다. 물론 단기적인 생존이 중요하지 않다는 것이 아니라 단기적 성과와 장기적 비즈니스 관점을 함께 바라보아야 지속가능한 기업이 된다는 의미이다. 눈앞에 보이는 문제만 덮으려는 무사안일한 태도와, 단기적 처방은 결과적으로 대응방안을 개발하기 어렵고 위기에 적용할 수 없다는 점에서 위기관리의 큰 실패라 할 수 있다. 또 기업은 수용할 위기가 무엇인지를 이해하고, 수용한 위기를 적절하게 보상받을 수 있을지를 결정해야 한다. 위기가 기업에 수용될 수 있는지 여부를 판단하는 것도 중요하다. 현실적으로 모든 위험요소를 제거할 수 없기 때문에 치밀한 계산하에 이루어진 위기를 감수할 수 있는 전략이 필요하다.

수만 번의 '실패'는 나사 우주 탐사의 원동력

한 치의 오차도 용납되지 않는 우주 개발 프로젝트의 경우, 로켓 개발 테스트에만 6만 5,000번의 오류를 거칠 정도로 철저한 과정을 거친다. 촘촘한 계획이 있었음에도 아폴로 11호는 앞서 말했듯이 프로그램의 설계, 엔지니어링, 테스트 계획, 제조 과정 그리고 품질관리 등에서 수많은 시행착오와 실패를 반복했다.

2007년 8월에 발사돼 성공적으로 임무를 완수한 화성탐사선 '피닉스호 프로젝트' 역시 우여곡절이 많았다. 새롭게 프로젝트 책임자로 부임한 젠트리 리Gentry Lee는 근본적이고 고질적인 문제의 해결을 시도했다. 우선 나사 엘리트 집단, 특히 젊고 총명한 엔지니어들로 하여금 항상 자신들의 지식과 활동에 의문을 제기하고 관련 위기를 엔지니어링 프로세스 안에서 확실하게 생각하도록 하는 것이 첫 번째 과제였다.

프로젝트 성공을 위한 큰 방향에 집중하지 못하고 세부적이고 지엽적인 문제에 노력이 분산되고 있는 것 역시 허결해야 할 숙제였다. 즉, 앞을 보며 혁신을 고민하는 동시에 균형 있게 뒤를 돌아보며 위기관리를 생각하는 접근방법이 필요했다.

기술적 측면에서는 가장 민감한 '궤도진입-하강-착륙'에 대한 해결이 필요했다. 탐사선의 정보가 지구까지 도달하는 소요시간이 10분인데 비해 궤도진입-하강-착륙하는 소요시간은 7분이어서 진행 중 예측하지 못한 위기가 발생한다면 대응이 전혀 불가능하다는 것이 큰 문제였다.

가장 먼저 젠트리는 독립성과 객관성을 담보할 수 있는 12명의 경험 많은 전문가로 위기관리위원회를 구성하고 최대한 프로젝트를 비판적 시각으로 바라보며 발생 가능한 모든 위험요소를 식별·차단할 수 있게 했다. 그리고 기존의 잘못된 가정을 재확인하지 않거나 다수의 의견에 동조되는 집단적 사고를 막기 위해 철저히 개인별로 따로 리뷰를 수행케 했다. 더불어 대내외 전문가를 포함한 팀을 운영, 프로젝트 팀과 함께 기술적 해결이 불가능한 문제에 대해 창의적 아이디어를 내어 빠른 시간 내에 해결할 수 있도록 했다. 이러한 전략이 있었기에 피닉스호는 성공적으로 화성을 탐사할 수 있었던 것이다.

이와 마찬가지로 역동적인 비즈니스 환경에서 기업 생존과 성장을 동시에 고민해야 하는 기업 경영진은 주요 비즈니스 의사결정과 관련한 위기전략뿐 아니라 해당 조직과 기업문화, 프로세스 개선 및 통제와 관련한 위기운영, 그리고 예상을 뛰어넘거나 예측 불가능한 사건·사고와 관련한 위험을 감수하고 대비하기 위한 최적의 자원 배분과 대응전략 마련을 소홀히 해서는 안 된다.

운영의 기본원칙을 반드시 지켜라

지속적인 기업의 성공에는 엄격한 원칙과 규율이 필요하다. 이런 원칙이 없다면 세워놓은 가정은 확인되지 않을 것이고, 경고한 신호는 탐지되거나 보고되어도 주의를 기울일 수 없다. 또 잠재적인 실패의 원인들에 대한 논의가 다뤄지지 않을 것이고, 정보 원천도 검증되지 않을 것이다.

로마인들은 운영의 기본원칙과 책임감을 고취하기 위해 새로 완성된 교량의 나무 지지대를 제거할 때 그 교량을 설계한 기술자들을 그 아래에 서 있게 했다. 이것은 당시에 완공된 일부 교량들이 약 2000년이 지난 지금까지 잘 유지되고 있는 이유를 설명해준다. 미군에서는 낙하산을 포장하는 대원들을 무작위로 선정해서 포장한 낙하산을 직접 타고 강하하게 한다. 기업들에게 이러한 책임과 역량을 발휘하라고 강요하기는 어렵다. 하지만 적어도 운영 원칙은 지켜져야 한다.

다시 한 번 강조하고 싶은 한 가지는 "실제 대부분의 사고예방은 너무나 당연한 일들을 지키는 데서 이루어진다"는 것이다. 다시 말해 기본을 지키라는 것이다. 가장 기본적인 것이 지키지지 않으면 실패의 연결고리를 깰 수 없다.

미 해군 잠수함부대, 철저한 운영원칙 준수

미 해군 잠수함부대는 위기를 인식하는, 매우 보수적인 문화를 가지고 있다. 부대의 사령부는 위기를 수용하는 방법을 알고 있어야 한다. 그렇지 않으면 군사적 분쟁이 일어나는 동안 부대가 엄청난 압박과 시야가 제한된 상태에서 원자로를 잠수함에 실은 채로 신속하게 운영할 수 없을 것이다. 그래서 해군 잠수함 부대원들은 운영의 기본원칙, 위기관리, 사전 준비를 매우 심각하게 받아들인다. 위기를 적절히 관리하지 않는다면 많은 사람들이 죽을 수 있기 때문이다. 로마인들이 교량 건축 시 지키는 원칙처럼 미 해군 잠수함부대도 표준화된 운영절차, 훈련과 예행연습, 사후평가제, 안전측정을 철저히 준수한다. 그 특징은 네 가지로 정리할 수 있다.

• 운영절차를 표준화하라

환경에 대한 사람들의 반응은 지속적인 교육과 사전 준비를 통해 단순화하거나 최적화할 수 있다. 기관실에서 모든 운영절차는 핵연료봉의 안전에 초점이 맞춰져 있다. 모든 일에 표준운영절차를 갖추기는 어렵지만 원자력발전의 잠재적인 중요한 문제의 99퍼센트는 정의되어 이를 관리하기 위한 세부적인 표준운영절차가 개발되어 있다. 잠재적으로 발생할 수 있는 비일상적인 사건에 대한 주요 사전 징후와, 이런 징후가 나타날 때 즉각적으로 취해야 할 행동, 그리고 후속 조치에 대해 맹렬한 훈련이 필요하다.

- **끊임없이 경계를 유지하라**

미 해군 잠수함부대는 잠수함 임무를 수행할 때만큼은 잠을 적게 잔다. 그리고 끊임없이 훈련을 받는다. 여기서의 훈련은 강의실에 앉아서 내용을 암기하는 것만을 의미하는 것이 아니다. 잠자고 있을 때조차 벌떡 일어날 정도로 반복하는 모의 소방훈련이다. 잠수함부대 대원들은 매우 고통스러워 하지만 핵잠수함을 운항하기 위해 그러한 훈련이 전적으로 필요하다는 것을 충분히 인지한다. 훈련과 예행연습을 하는 것은 핵심 위기를 정의하고 관리할 때 경계심을 늦추지 않도록 하고 운영 원칙을 개발하게 만드는 훌륭한 방법이다.

- **사후평가제를 시행하라**

잠수함부대는 무엇이 발생했는지, 왜 발생했는지, 그리고 위기에 대한 미래의 대응책을 개선하기 위한 교훈은 무엇인지를 분석하기 위해 사후평가제를 시행한다. 이를 통해 함장은 무슨 일이 왜 일어났으며, 향후에는 무엇을 다르게 대처해야 하는지를 모든 승조원이 이해할 수 있도록 모두에게 발표한다. 사후평가제는 극단적인 사건에 한정되어 적용되는 것이 아니라 일상적인 훈련이나 정비 과정에서도 행해진다.

- **포괄적인 프로그램을 수립하라**

로마 책에 '연결고리를 더 꽉 조일 필요가 있다'라는 말이 있다. 예를 들어 1963년 새로 건조된 후 최초로 항해에 들어간 잠수함인 'USS Thresher'가 유실된 이후 잠수함 안전 프로그램이 새로이 도입되었다. 그 프로그램의 일환으로, 해당 잠수함을 건조한 조선소의 대표는 반드시 승조원들과 동행해야 한다. 조직이 얼마나 많은 위기를 수용할 것인지를 결정하는 대표는 그 위기가 초래할 수 있는 부정적인 영향까지 통제해야 한다. 이런 연결 관계가 존재하지 않을 때에는 잠재적으로 잘못된 결정을 내릴 가능성이 있다.

듀폰, 원칙을 세우고 훈련

'혁신의 대명사', 트랜스포머와 같은 '변신의 귀재' 등으로 잘 알려져 있는 기업 듀폰은 2004년 당시 매출의 4분의 1을 차지하고 있던 섬유사업 매각을 선언하면서 209년이라는 초장수 기업 역사상 가장 큰 도박을 했다.

화학기업에서 벗어나 바이오·대체에너지 사업에 집중 투자해서 결국 종합과학기업으로의 대변신에 성공한 것이다. 물론 2009년 세계 금융위기의 한파로 공장 100여 개를 폐쇄하고 직원의 15퍼센트를 줄이는 가혹한 구조조정을 단행하는 시련도 겪었지만 이때도 흔들림 없이 신사업 투자에 대한 도전을 줄이지 않았다. 회사의 명운이 걸릴 정도로 굵직굵직한 전략적 행보가 가능했던 배경에는 바로 위기경영이라는 강력한 전략이 있었다. 듀폰의 위기관리에는 여섯 가지 특징이 있다.

첫째, 회사의 모든 임직원이 위기관리에 책임을 진다는 통합적 위기관리의 관점An Integrated View of Risk Management을 들 수 있다. 또한 방대한 지식을 갖춘 수천 명의 임직원이 위기관리 경험을 데이터베이스화하며 이런 내용들이 모여 다시 새로운 가치를 창출해내는 지식경영 시스템이 갖춰져 있다.

둘째, 주요 정보자산과 임직원의 안전을 아우르는 보안과 '무사고'를 최고의 목표로 하는 안전성, 환경보호 그리고 인간 존중을 기반으로 하는 높은 윤리성 원칙을 기업 가치와 문화로 확고히 하고 모든 임직원이 같은 가치를 공유한다.

셋째, 복잡한 상황을 관리한다. 듀폰은 위기관리맵(지도)을 통해 기업이 영향을 받을 수 있는 가능한 모든 상황을 파악하고 이를 통해 기업의 운영과 위기의 복잡성 및 연계성을 정리하고 관리한다.

넷째, 위기상황에서 실질적으로 작동할 수 있는 위기대응 역량의 확보다. 기계 및 시설 운영, 연구개발R&D, 공급망관리, 고객관리 등 예상치 못한 사건사고에 가장 효과적으로 대비할 수 있는 복원력과 시장, 기업환경의 급격한 변화에 신속하고 유연하게 대응하는 민첩성, 그리고 위기를 최대한 예방하되 어쩔 수 없이 위기상황이 발생하는 경우 가동되는 강력한 위기관리계획Crisis Management Plan[11]이

---

11. 듀폰은 위기상황을 감지하게 되면 각자의 책임에 따른 전문 경영진으로 구성된 17개의 위기대응팀이 필요 시 30분 이내 바로 가동된다. 실제로 9.11 테러와 세계 금융위기 당시 가동된 바 있다.

필요하다.

다섯째, 복잡성과 불확실성을 관리하면서 얻을 수 있는 교훈에 대한 학습을 적극 활용하여 실수가 재발하지 않도록 막고 목표달성의 가능성을 증가시키는 교훈습득 체계다.

마지막으로 이러한 위기관리계획의 주요 요소를 공고히 할 수 있도록 업무원칙과 표준을 수립하고, 이를 지속적으로 훈련하는 강력한 운영원칙이 있다. 더불어 올바른 방향성을 제시하는 중장기적 목표 설정이 핵심가치 및 원칙과 일관돼야 한다는 점을 강조한다.

최악을 가정하되 최선을 희망하여라.
그리고 그 어떤 상황에도 대응할 수 있도록 준비하라.

2부

기업을 위한
위기관리
실천 가이드 _

위기관리 실천 매뉴얼
작성을 위한

17가지
체크리스트

재난재해를 포함하여 기업의 위기를
대응·관리할 때에 다음의 17가지 사항을 먼저 체크하여
실제 매뉴얼에 포함되도록 한다.

List	Check
❶ 위기관리에 대한 회사의 미션 및 방침이 명확하게 제시되어 있는가?	
❷ 위기관리의 목적 및 목표가 명확하게 제시되어 있는가?	
❸ 매뉴얼이 작성된 이유와 어떻게 사용될 것인지에 대한 설명이 있는가?	
❹ 위기에 대한 대응방안을 검토할 때 대상이 되는 피해상황을 정의해두었는가?	
❺ 위기에 따른 악영향이 커 모든 사업을 지속하기 어려운 경우, 회사 차원에서 최소한 진행해야 할 업무(업무 간의 우선순위 등)를 명확히 해두었는가?	
❻ 위기관리를 추진하는 체계와 대응절차가 명확하게 마련되어 있는가?	
❼ 위기관리 조직도 및 각각의 역할이 정확히 명시되어 있는가?	
❽ 조직 책임자의 대행 순위가 명시되어 있는가?	
❾ 대책본부를 설치하는 경우 장소는 정확히 제시되어 있는가?	
❿ 위기 시 체계를 이행하는 조건이 제시되어 있는가?	
⓫ 위기 시 진행할 업무를 정리한 일람표 등을 준비해두었는가?	
⓬ 위기관리에 관한 임직원의 교육 및 훈련에 대한 내용이 제시되어 있는가?	

List	Check
⓭ 위기 시 대외적으로 정보를 공개하는 것에 대해 회사의 방침이 명확하게 제시되어 있는가?	
⓮ 매뉴얼과 관련된 활동을 감사하는 조직이 구성되어 있는가?	
⓯ 위기 시 비상연락망(임직원, 주요 협력업체 및 기관 포함)은 명확하게 제시되어 있는가?	
⓰ 위기 시 임직원의 행동 요령(개인임무카드 등)은 작성되어 있는가?	
⓱ 악영향이 발생했을 때 거래처 등에 대한 연락 요령 및 대외적인 대응방안이 제시되어 있는가?	

미리
준비하는
위기관리
실천 매뉴얼

1장 위기관리의 기본 개요

1. 위기관리 미션과 방침

위기 시 대응방안으로 다음과 같은 미션, 기본방침, 목적, 목표를 염두에 둔다.

(1) 위기관리 정의

위기관리는 위기가 발생할 시 회사가 그 위기에 적절히 대응하기 위한 계획을 세우고 실천하는 것을 총칭한다.

(2) 위기관리 미션

회사는 모든 잠재된 위기에 대응하기 위한 위기관리로 다음과 같은 미션을 토대로 활동해야 한다.

❶ 기업의 책임을 수행한다.

- 직원과 그 가족, 방문자의 안전을 확보한다.
- 기업의 자산(사업장 내 각 건물, 기계·설비, 원자재·제품·반제품 등)을 보전한다.
- 업무가 조기 복구 및 지속되도록 한다.

❷ 기업의 신뢰를 확보한다.

- 시장·주주·거래처 등에 악영향을 주지 않는다.
- 지역경제의 조기 안정화에 기여한다.
- 항상 인도적인 측면을 우선으로 대응한다.

(3) 위기관리 방침

회사를 둘러싼 위기가 나타나는 것은 회사의 업무 및 지역사회에 커다란 영향을 미칠 가능성이 있으므로 이에 대한 시책을 경영의 주요 과제로 삼고 각종 대처방안을 실시한다. 구체적인 방침은 다음과 같다.

❶ 사업활동에 지장을 주는 악영향에 대하여 가능한 한 피해를 최소화한다.
❷ 위기관리를 위한 지속적인 개선을 도모한다.

❸ 지역사회에 대하여 기업의 책무를 다한다.

(4) 위기관리 목적

각 사업장의 안전과 사업장 주변 지역주민의 안전을 확보한다. 또 제품의 품질을 높이고 기업의 책무를 수행하는 일을 그 목적으로 한다.

(5) 위기관리 목표

- 사업장 내에서 사상자가 발생하지 않도록 한다.
- 고객에게 알려야 할 문제가 발생했을 때는 이를 알리고 적절한 대응을 취한다.
- 장기간에 걸쳐 가능한 한 재해대책용 비품을 제공한다.
- 안전이 확보된 경우 대피장소로 사용할 수 있는 부지 및 각 시설을 제공한다.

2. 피해를 가정한 계획의 수립

회사를 둘러싼 위기는 여러 가지 피해를 규정하고 각각의 위기에 따르는 각종 시나리오를 만들어 위기대응계획을 세운다. 아울러 각 내용과 관련해서는 수시로 유연하게 수정·보완하는 것으로 한다.

(1) 회사가 위기로 규정하는 피해 시나리오 (예시)

- 사업장 내의 생산 차질
- 전기, 가스, 상하수도의 공급 정지
- 통신 두절
- 업무관리 시스템, 결제 시스템의 혼란
- 거래처의 생산 차질
- 물류의 혼란
- 수주 발주 시스템의 혼란
- 공공 교통기관의 혼란

기업에서 예상할 수 있는 위기 사례

위기 유형		사례
대분류	중분류	
거시환경	재난/재해	급격한 지각변동
		기상이변
		인적 재난사고
	국가	해외 거점국가의 정치불안
	정치	반(反)기업 성향 정치기조 확산
		북한체제 불안
	사회	뉴미디어 영향력 확대
	경제	원자재 수급 차질
		환율변동성 확대
		경기 침체
산업환경	경쟁자	경쟁 심화
	협력사	부품 공급 중단
	신규 진입자	이종산업 경쟁자 시장진입
	기술/대체재	혁신기술/대체재 등장
	노동단체	노동운동 확대 전개
	정부	자국 산업 보호정책 강화

위기 유형		사례
대분류	중분류	
전략	지배구조	경영권 위협
	조직구조	직원들의 근로의욕 저하
	브랜드	브랜드 파워 약화
	커뮤니케이션	반기업 국민 정서 확산
		윤리경영 이미지 훼손
	사업 포트폴리오	생산·판매 비효율
		계열사 경영 부실
		경영환경 변화
	사업계획	사업계획 최적화 실패
	제휴(파트너)	해외 판매 네트워크 변화
운영	생산/품질	대규모 리콜
	인사/노무	파업
		핵심 인력 유지 및 확보 실패
		직원 고령화
	준법	규제 위반 및 제제
		특허권 분쟁
	정보기술/보안	사이버 공격
		개인정보 유출
	재무	자금 경색

(2) 계획 수립

회사가 위기로 규정하는 피해 시나리오에 따라 발생하게 될 혼란과 그로 인해 초래되는 사업활동의 문제들을 검토한다. 그 검토내용에 대한 대책을 기업활동을 둘러싼 아래의 영역별로 각각 사전대책을 세우고 긴급대응계획을 작성한다.

- 임직원과 그 가족
- 고객, 지역주민
- 거래처(제품 납품처, 원자재·부자재의 구입처, 생산설비 조달처, 건물 시공업자 등)
- 회사자산(건물, 기계·설비, 원자재·제품·반제품)

3. 긴급 시에도 진행시켜야 할 통상 업무

긴급 시 대응책을 마련할 때에는 긴급한 사태가 일어날 때 진행되어야 할 업무와 그 사업활동 수준을 규정한다. 이는 긴급할 때에도 최소한 유지되어야 할 업무로서, 어디까지나 고객의 만족을 위해 최대한 위기를 대처해 나가는 것이 목표이다.

〈예시 1〉 시장점유율이 높은 제품의 제조

- 필요한 상품 및 제품을 사내에 확보해 제공할 수 있도록 한다.
- 복구하는 데 시간이 오래 걸릴 경우, 미리 정해놓은 '대체생산 거점'에 기자재 및 기계 등을 준비해두고 생산을 개시할 수 있도록 계획을 수립한다.

〈예시 2〉 생산필수품의 제공업무

- 특별히 생활에 필요한 식료품, 위생 관련 상품, 의료품 등을 제조하고 있는 경우에는 최대한 제조라인을 가동시켜 제품을 제공한다.
- 생산이 중단되는 기간이 긴 경우에는, 같은 업종의 회사에 대체생산을 위탁하는 방안도 고려해둔다.

4. 위기관리체계와 책임

(1) 위기관리체계

긴급 시에는 신속하게 정보를 수집하고 전달해 지체 없이 의사결정과 지휘명령을 내려야 한다. 따라서 회사에서는 최고경영자를 대책본부장으로 세워 위기관리체계를 구축한다.

또, 사무국을 전담부서[12]로 하여 평상시 전사적인 대책을 추진한다. 사전에 임직원의 교육·훈련은 각 조직에 임명된 위기관리 대책요원을 통해 실시하기로 한다.

(2) 대책본부 설치장소

생활에 필요한 기본시설을 고려하여 설치장소의 우선순위를 정한다. 설치장소는 대책본부장이 결정한다. 또 대책본부가 설치될 곳은 충분한 전기용량을 가지고 자가발전을 확보할 수 있는 곳이어야 한다.

---

12. 안전관리부 또는 비상계획부서. 별도 전담부서가 없을 경우, 총무부로 할 수 있다.

각 대책본부의 주요 역할 1

구분	내용
대책본부장	• 위기관리 대응방침을 결정 • 위기관리대책의 전반적인 총괄 • 각 사업장의 조업정지·속행을 결정 • 최우선 시 되는 업무를 결정 • 기타 전사적 사항을 총괄
대책본부 전체 (공통사항)	• 대책본부장을 보좌 • 사내에서 위기관리대응 조절 • 돌발적 사안에 대한 대응 • 정보 수집 및 전달 • 기본 행동 요령을 결정하거나 지시
사무국	• 근무 환경을 파악(자택의 상황, 출퇴근의 어려움 등) • 임직원의 출근체제를 결정 • 대책본부 설치 • 중요한 서류 보전
정보관리부	• 정보 시스템의 안정적 가동 • 정보 시스템의 복구
영업본부	• 거래처의 정보 수집 • 거래처에 정보 전달 • 상품의 긴급 수배

각 대책본부의 주요 역할 2

구분	내용
물류부	• 물류에 관한 정보 수집 • 물류 수단 확보 • 상품 재고의 품절 방지
마케팅부	• 고객 대응 • 사업장 주변 주민에 정보 전달
제조본부 (구매부 포함)	• 사업장의 운영 지속 • 각 사업장 정보의 수집 　(조업가능 여부, 지역주변 상황 등) • 대책본부의 결정방침에 대한 철저한 수행 • 시장점유율이 높은 제품 및 생활필수품의 생산 유지 • 사업장 간 상호지원체제 수립 • 기자재 재조달 • 손상된 기기 및 건자재의 폐기처분
재무부	• 긴급 자금 수배
총무부(인사부)	• 임직원의 인명 안전 점검 • 법적 대응 • 중요 서류의 보전
홍보부	• 정보 전달 • 언론 대책

5. 계획추진

(1) 계획추진체계

추진 책임자를 대책본부장으로 하여 앞장에 명시되어 있는 위기관리조직에 의해 계획을 추진한다. 대책본부장은 본 계획이 적절하게 추진되고 있는가를 상시 점검할 책임이 있다. 또한, 대책본부장은 추진방안 등을 보좌하고 계획의 진행상황 등에 대한 파악 및 조언을 하는 대책본부 사무국을 별도로 조직한다.

(2) 보고

분기별로 대책본부는 각 부에서 실시한 사전대책과 위기관리계획의 변경사항, 추가사항을 보고받는다. 특히 대외적으로 영향을 미칠 우려가 있는 안건에 대해서는 향후 소송대책 등을 고려하여 적절한 보고를 하도록 의무화한다.

(3) 활동기록의 보관

대책본부 사무국은 분기별로 제출되는 보고서를 적절하게 보관한다.

(4) 예산

이상의 대응책을 추진하는 데에 소요되는 비용은 사전에 책정한 긴급대책용 예산으로 확보해 놓는다.

6. 위기관리체계의 운용

(1) 위기관리체계 이행조건

❶ 회사의 사업장, 물류센터 등의 시설 소재지에 위기상황이 현저하게 드러났다고 판단될 때

- 중형급 이상의 태풍이 6시간 이내에 내습할 것이라고 예보되었을 때
- 집중호우가 지속되어 홍수피해가 예상되었을 때 (총강우량이 200mm 이상 예상될 때)
- 규모 6 이상의 지진이 발생했을 때
- 화재 및 폭발로 인한 중대 인명사고가 발생했을 때
- 유해물질 누출 등에 따른 환경오염이 발생했을 때

❷ 회사의 사업장, 물류센터 등에서 불완전한 상품이 시장에 유출됐을 때
❸ 기타 대책본부장이 위기관리체계가 필요하다고 판단했을 때

(2) 평상시 체계로의 이행조건

❶ 피해가 발생하지 않았을 때
대책본부장의 결정에 따라 평상시 체계로 이행한다.

❷ 피해가 발생했을 때

위기관리 목표가 거의 달성되어 평상시 업무로 복귀가 가능할 것이라는 전망이 섰을 때, 대책본부장의 판단에 따라 평상시 체계로 이행한다.

7. 긴급 시 주요 행동 요령

모든 잠재된 위기상황으로 나타난 피해에 대한 대응으로 진행되어야 할 업무의 개요는 다음과 같다.

- 임직원과 그 가족, 관련 회사·사업장 출입자의 안전 확보
- 기업 자산의 보전
- 업무의 조기 회복과 지속
- 피해의 조기 파악
- 사내 및 거래처와의 정보수집 및 전달
- 회사가 원인이 되어 나타난 피해의 확대 방지
- 피해 복구
- 대책사업 인력 확보

이와 관련한 구체적인 긴급대응 행동은 문서를 통해서 구체적으로 기술하는 것을 권고한다.

8. 교육과 훈련

(1) 재해방지 교육과 훈련

재해방지 대책이 유사시 실제로 기능할 수 있는지 정확도를 높이기 위해 교육과 훈련을 실시한다. 적절한 교육과 훈련 없이는 재해방지대책이 탁상공론으로 끝나기 쉽다.

❶ 리더십을 통한 더 효과적인 훈련

교육 및 훈련의 대상과 상황 등을 다양하게 설정하고 교육내용이 목적을 집약하고 있어야 효과적이다. 특히, 실제로 지휘명령을 담당할 사람의 실천적인 대처능력을 높이는 훈련과 경영책임자의 참여가 중요하다.

❷ 실지훈련과 도상훈련

실지훈련: 정기적으로 실시하는 민방위날과 같은 대규모 방재훈련이 전형적인 실지훈련이라고 할 수 있다.

도상훈련: 가상의 상황 시나리오를 예상하여 의사결정 훈련을 실시하는 것이다. 시간과 장소를 별도로 정하지 않기 때문에 주요인물의 능력향상과 확인에 적합한 훈련방식이다.

❸ 교육 및 훈련을 통한 효과

교육과 훈련을 통해 가상의 상황을 경험하게 함으로써, 임직원들의 방재의식을 높이고 비상시 실천대응력을 강화시키는 효과가 있으며, 동시에 재해대책의 문제점을 발견하게 하는 역할도 한다. 따라서 교육과 훈련을 통해 발견해낸 문제점을 수정·보완하는 계기가 되도록 한다.

❹ 예시

자치단체 등과 합동으로 현지 경찰, 소방 등 응급서비스 기관, 지역사회 모임, 주요 고객을 포함하여 대규모 대피유도훈련을 실시한다. 홍수, 장마와 같이 예측 가능한 기상재해일 경우에는 정기적인 '방재 뉴스레터' 등을 발간하여 지속적인 인식재고와 계몽활동을 한다. 또한, 전 직원이 평상시 소지할 수 있는 개인임무카드와 같은 휴대용 매뉴얼을 별도로 마련하여 배포한다.

(2) 교육대상별 교육

긴급 시 대응업무 등을 효과적으로 실시하고 경영진과 임직원이 각각의 역할을 정확하게 인식하도록 하기 위하여 다음과 같은 내용의 교육과 훈련을 실시한다.

❶ 임원
분기별로 1회 시뮬레이션 훈련(도상 훈련)을 실시한다.

❷ 위기관리 대책담당자

분기별로 1회 시뮬레이션 훈련을 실시한다.

각자의 업무내용에 맞는 세미나 및 외부와의 재해방지(방재)에 관한 각종 모임에 참가하여 위기대응 능력을 향상하기 위해 힘쓴다.

❸ 일반 직원

연 1회 위기대응 모의훈련을 실시한다.

연 1회 이상 위기관리 교육을 실시한다.

휴대용 매뉴얼을 배포하여 행동 요령을 철저히 익힌다.

❹ 비정규 직원

최소 연 1회 위기관리 교육(연수)을 실시한다.

휴대용 매뉴얼을 배포하여 행동 요령을 철저히 익힌다.

9. 정보 공개

방재를 포함하는 위기에 관한 회사의 준비상황을 적절하게 대외적으로 공개함으로써 거래처가 충분한 대응방안을 검토하고 계획을 세울 수 있도록 배려한다.

(1) 정보 공개빈도
연 1회 및 외부로부터 적절한 요구가 있을 경우 정보를 공개한다.

(2) 공개내용 작성
각 대책본부로부터 분기별로 제출되는 보고서를 토대로 대책본부 사무국이 작성한다.

(3) 공개내용 승인
공개할 내용은 법무실이 감사를 실시하고 대책본부장이 최종적으로 승인한다.

(4) 대외 공개
대책본부장이 승인한 내용을 홍보과가 문서 및 홈페이지를 통하여 공개한다.

(5) 대외적으로 실시한 앙케이트
대외적으로 실시한 재해방지 및 안전에 관한 설문조사 등은 법무실에서 일괄적으로 대응한다.

10. 계획 수정

위기관리계획서는 모든 잠재된 위기상황에 따른 피해 예상과 대책을 검토하면서 드러난 각종 문제점과 교육·훈련 등을 통해 얻은 교훈을 반영한다. 위기상황과 관련한 기업 주변 환경의 최신 정보를 토대로 정기적으로 수정해 나간다.

(1) 수정 빈도

연 1회/연말에 반드시 수정 작업을 실시한다.

(2) 수정 작업

각 대책본부로부터 분기별로 제출된 보고서를 토대로 대책본부 사무국이 수정 작업을 실시한다.

(3) 수정 내용의 승인

대책본부장 및 대책본부 사무국은 수정된 내용에 대해 감사를 실시하여 특별한 문제점이 없으면 승인한다.

(4) 수정 결과를 반영하는 기간

승인된 내용은 지체 없이 위기관리 실천 매뉴얼 관련 계획서에 반영하도록 한다.

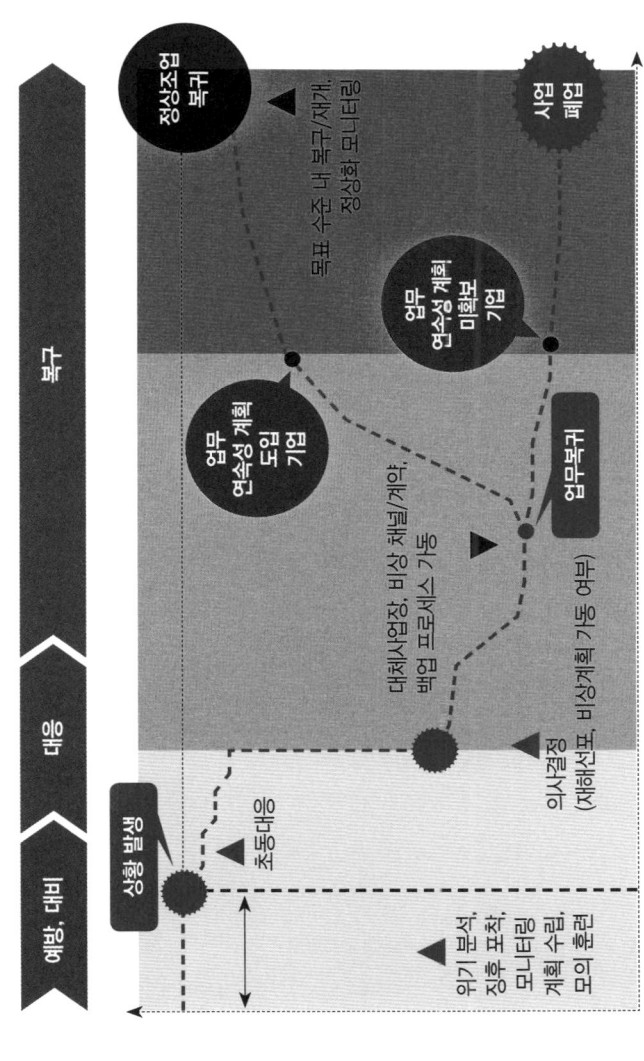

〈예시〉 미리 준비하는 위기관리의 효과

2장 긴급 시 행동 매뉴얼

1. 긴급보고 과정

(1) 보고 규정

잠재되어 있는 모든 위기상황으로 인한 피해를 확인했다면 지체 없이 대책본부에 상황을 보고한다. 현장에 책임자가 없는 경우에도 본부에 우선적으로 보고한다.

(2) 사무국 연락

사무국은 발생한 피해에 관한 개략적인 상황을 대책본부장 및 위기관리 대책담당자에게 통보한다.

(3) 위기관리 대책담당자

각 담당자들은 대책본부가 설치된 것이 확인되면 즉각 설치장소에 집합하여야 한다. 집합이 필요하지 않을 경우에는 대책본부 사무국으로부터 불필요하다는 취지의 연락이 통보되므로, 별도의 연락이 없을 경우는 자동집합하도록 한다.

(4) 연락처

각 대책본부 책임자와 위기관리 대책담당자의 연락처는 별도로 정리하며, 그 내용은 수시로 업데이트하여 관리한다.

〈예시〉 각 대책본부 책임자 및 대책요원 연락처 일람표

소속	성명	구내번호	휴대번호	자택번호	주소
CEO					
전무					
상무					
기타 임원					
안전관리부					
총무부장					
– 총무과장					
– 인사담당					
정보관리부장					
– 시스템 담당					
– 운용 담당					
영업본부장					
– 제1구역 담당					
– 제2구역 담당					
물류부장					
– 운송담당					
– 반입담당					
창고담당					
판촉부장					
– 판촉담당					
판매사업부장					
– 판매추진담당					
재무부장					
– 재무담당					
– 경리담당					
기획조정실장					
– 경영과 담당					
– 법무과 담당					
홍보실장					

〈예시〉 긴급보고 흐름도

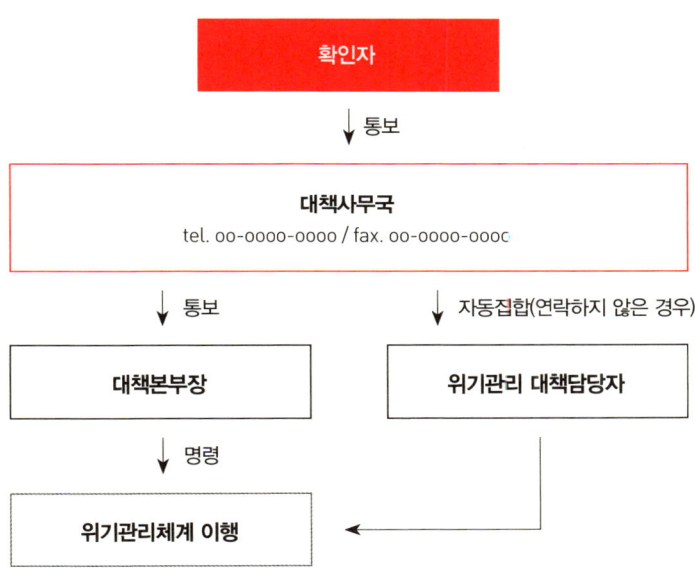

2. 긴급 시 유의사항

(1) 돌발성 긴급안건 처리

위기관리계획에 기재된 내용을 넘어선 안건이 발생했을 때는 대책본부의 지시를 기다리는 것을 원칙으로 하되, 긴급한 상황의 경우에는 현장에 있는 직급이 높은 자가 유연하게 대처하도록 한다.

(2) 업무 우선순위

대책본부장 및 대책본부 사무국으로부터 지시가 내려온 업무는 평상시의 업무분장보다 우선된다.

(3) 결과에 대한 책임

만일 긴급 시 취한 대응이 실패해도 그 대응이 회사의 위기관리 대응방침을 토대로 취해진 경우에는 그 책임을 추궁하지 않는다는 것을 보장한다.

(4) 예산

대책추진에 소요되는 예산은 사전 책정된 긴급대책용 예산을 사용하거나 긴급하게 각출할 수 있다.

3. 재해발생 후 시간별 대응방안

(1) 재해발생 직후

재해발생 직후는 인명구조 및 구호활동이 최우선 과제이다. 사전에 마련된 매뉴얼을 토대로 무엇이 우선될 것인가를 고려하여 유연하게 대응해야 한다.

❶ 인명구조 및 구호활동

재해발생 직후 최우선적으로 실시해야 할 일은 인명구조와 구호활동이다. 긴급하게 대처하지 않으면 안 되는 사안이므로 각각의 사원에게 지시를 내려 행동하도록 하는 것은 현실적이지 못하다. 현장에 있는 리더에게 위임하여 그의 지시에 따라 조직적으로 활동하거나 상황에 맞춰 사원들이 자율적으로 행동하도록 해야 한다.

한편 위험물을 취급하는 사업장에서는 인근 주민들에 대한 피해를 방지하기 위해 '2차 재해 방지정책'을 우선적으로 실시해야 한다.

인명구조를 기업내부 재해대책 기본방침과 매뉴얼 안에 최우선 항목으로 설정하고 현장에 대한 권한을 넘겨 맡기는 것을 명시하여 철저히 주지시키도록 한다.

❷ 생사 확인

기업이 조직적으로 실시하는 대책 가운데 다음으로 우선도가 높은 것은 사원을 비롯한 관계자의 생사生死 확인이다. 고객·사원·가족의 생사 정보는 이후의 기업활동(구호활동에 대한 파견과 피해상황 파악과 복구 등)을 결정짓기 위한 중요한 정보가 된다.

❸ 사내외 피해상황 정보 수집

재난 후의 기업의 행동을 결정하기 위해서는 재난피해에 관한 정보가 필요하다. 중요한 것은 인적 피해정보 이외에 기업의 경영자원 피해정보를 파악하는 일이다. 여기에서 파악해야 할 경영자원으로는 건물, 설비, 생산 수단, 정보 시스템, 데이터, 사무기기, 집기 등 다양하다. 또 기업뿐만 아니라 기업활동에 필요한 거래처 등 관련 기업, 인프라 등 공공기관·기업, 지역사회 등의 상황을 알아두어야 한다.

재난이 발생하여 혼란한 상황 속에서 수동적인 체제로는 이들 정보를 입수하기 어렵다. 정보를 얻기 위한 방법을 사전에 계획해두고 재난 직후에 적극적으로 정보를 수집할 수 있는 수단을 강구할 필요가 있다.

❹ 사원 소집, 귀가 지시

재해가 야간에 발생했을 경우는 사원을 소집해야 한다. 또 근무시간 내에 발생한 경우는 상황을 주시하면서 귀가 또는 대기를 지시해야 한다. 사전에 정해둔 소집방법, 귀가계획에 따른 행동을 취해야 한다.

❺ 우선순위 결정

재해가 발생하면 경영자원에 변화가 일어날 뿐 아니라, 기업활동과 관련된 인프라, 공공기관, 지역사회 등도 함께 재난을 당해 기본적인 기업활동을 지속하기가 어렵게 된다. 따라서 이들 재난정보를 토대로 향후 전개해야 할 업무를 조기에 결정하는 일이 복구를 위한 첫걸음이 된다고 할 수 있다.

이러한 경우, 경영책임자의 지시가 없어도 중간 리더가 각 부서에서 사업지속 태세와 복구업무 실시태세를 정비하여 필요한 업무를 결정한다. 비상사태이므로 현장에서 즉각 실행하지 않으면 안 되는 일들도 발생한다. 그러나 이러한 활동이 해당 부서에서는 최적의 방법이었을지라도 기업 전체의 관점에서 볼 때는 비효율적일 수도 있다.

따라서 이와 같은 딜레마에서 빠르게 벗어나기 위해서는 기업 전체의 관점에서 사업실시방침을 신속하게 결정하여 지시할 필요가 있다. 이러한 결정을 혼란스런 상황 속에서 신속하게 해나가기 위해서는 사전에 피해상황을 예측하여 그에 맞는 사업실시방침을 정한 업무 연속성 계획을 준비해 두는 것이 매우 효과적이다.

(2) 재해발생 2~3일 후의 대응

재해가 발생하고 2~3일이 지나면 피해상황도 정확하게 파악할 수 있게 된다. 복구를 위한 기본 방침이 마련될 수 있는 시기도 이 때이며, 지역사회의 복구상황과 비교해가며 판단을 내리는 일이 중요하다.

❶ **복구기반 정비**

대규모 재해발생 후 2, 3일은 복구를 위한 기반조성에 있어 중요한 기간이다. 파악된 피해상황을 토대로 복구를 위해 필요한 업무를 선택하고 일정표를 작성한다. 또 본사와 지사 및 관련사 간의 협정을 토대로 외부지원을 확보한다.

한편, 복구용 자원에 대한 과도한 경쟁, 특정지역에 대한 집중 교통유입에 따른 정체 등으로 인해 사회 전반의 복구활동이 지연될 우려가 있다. 사회 전반을 고려한 이성적인 판단을 내리도록 힘쓴다.

❷ 지역 사회공헌활동

큰 피해를 입은 지역에서는 기업이 자사의 피해를 복구했다 하더라도 사업활동을 재개하기 위해서는 우선 지역의 복구활동에 협력해야 한다. 실제로 지역의 피해 복구작업이 제대로 이루어지지 않은 상태에서 사업재개에만 분주했던 기업이 주민들로부터 반발을 산 사례가 있다. 사전에 자치단체와 관련 지역 사회단체 등과 체결한 협정에 입각하여 시설개발과 자원제공 등을 실시하고 그때그때 판단에 따라 기업차원에서 무리 없이 가능한 범위 내에서 지원하는 것이 바람직하다.

(3) 재해발생 일주일 경과 후의 대응

❶ 복구업무의 본격화

재해가 발생한 지 일주일이 경과한 무렵에는 응급대책도 완료되어 본격적인 복구대책에 착수하는 시기이다. 복구를 위한 기업내외 활동이 활발해지고 필요한 수단·용품을 둘러싼 경쟁이 일어난다. 전반적인 조화를 늘 염두에 두면서 임하는 자세가 필요하다.

❷ **복구계획**

복구계획은 장기적인 관점에서 책정해야 한다. 단순히 재해발생 이전의 상태로 되돌아가는 것이 목표가 아니라 앞으로 발생할 우려가 있는 재해에 대한 방지 및 경감책을 포함한 계획을 세우는 것이 이후에도 도움이 될 것이다. 가능한 관련사와 협조 속에서 지역 전반의 복구계획과 잘 부합되도록 배려할 필요가 있다.

❸ **복구자금**

복구작업에는 자금이 필요하다. 차입금으로 충당해야 할 경우는 사전에 거래금융기관과 긴급 시 금융대책을 세워두면 도움이 된다. 현금흐름이 충분하여 복구자금에 어려움이 없을 때는 유동성 확보와 구체적인 현금화 방법, 주식·채권의 손해평가를 해나가야 한다. 재해에 대한 위기관리의 목표 중 하나로 기업자산의 보전을 들 수 있다. 이 수단으로서 보험, 금융파생상품 증권화 등이 있을 수 있는데 이를 통해 복구자금 확보를 검토하는 것도 한 가지 방법일 것이다.

4. 대책본부별 작업실시 시간 일람표

회사가 예상하는 모든 잠재 위기에 따른 피해 시나리오를 토대로, 각 대책본부가 실시하는 업무의 시간별 일람표는 다음과 같다.

- 전반적인 사업장 내의 혼란

- 전기, 가스, 상하수도의 공급정지 및 그에 따른 혼란
- 통신상의 혼란
- 업무관리 시스템, 결제 시스템의 혼란
- 거래처 생산 부문에서의 혼란
- 물류의 혼란
- 수주 및 발주 시스템의 혼란
- 공공 교통기관의 혼란

    어떤 부문에서 어떤 업무를 언제 실시할 것인가를 명확히 해두면 긴급 시에 전반적인 대응상황을 파악하기 쉽다. 또한 원활한 대책을 추진하기 위해서는 우선순위가 높은 업무에 대해서는 조직을 초월하여 참여하는 일이 중요하다. 긴급 시에는 평상시와는 다른 업무가 발생하고 예상외의 요원이 필요하게 되는 경우가 발생한다.

    따라서 사전에 사내 협의를 통해 우선순위가 높은 업무에 자동적으로 타부문의 요원을 조직 단위로 돌릴 수 있도록 해놓아야 한다.

    다음 페이지와 같이 시나리오별로 책정되는 목표, 대책, 사전준비를 토대로 유사시 업무를 시간에 따라 구체적으로 편성해둠으로써 실제적인 업무계획 및 복구계획을 마련할 수 있다.

피해 시나리오 사례

피해 시나리오	○○○○		
본부명	대책본부	대상기간	첫날

1. 대책본부 설치

2. 최고경영자·임원에 보고
   (1) 대책본부 사무국장 또는 대행자가 첫 번째 보고를 한다. 보고내용에 불충분한 점이 있어도 문제 없다. 제일보를 전달하는 것에 의의가 있다.
   (2) 개요가 드러나는 대로 두 번째 보고를 실시한다.
   (3) 상황에 변화가 발생했을 때마다, 또는 2시간 간격으로 보고한다.

3. 정보의 수집 및 전달
   (1) 대책본부 사무국의 정보담당원은 각 본부의 상황을 수집한다.
   (2) 수집한 정보는 대책본부 사무국장을 통해 대책본부장에 보고한다.
   (3) 정보담당원은 대책본부의 결정사항을 신속하게 각 본부로 연락한다.

4. 돌발사안의 대응
   (1) 각 발생사안은 그 사안에 가장 관련이 높은 조직이 담당하여 대응하고 책임지는 것을 기본으로 한다.
   (2) 책임조직이 불명확한 경우와 회사의 존폐와 관련된 심각한 사안은 대책본부 사무국이 책임조직이 되어 대처한다.
   (3) 기타 돌발사안의 대응은 대책본부 사무국의 지시를 기다리는 것으로 한다. 다만, 긴급성을 요하는 사안의 경우는 해당 현장에 있는 직무가 높은 자가 유연하게 대응한다.

5. 각 사업장에 각종 연락 실시
   (이하 생략)

※기타 각 기업별 상세 시나리오 추가 가능

〈예시〉 각 본부별 대책업무 일정에 따른 일람표 1

부문	첫날 (초기)	3일 이내 (전개기)
대책본부	• 대책본부 설치 • 최고경영자·임원에 보고 • 돌발사안에 대응 • 전사에 각종 연락 • 최우선 업무의 결정 및 우선순위 매김 • 지시명령계통 확인 • 각 본부에 총괄적인 지시 • 기본 행동 요령의 지시	• 첫날의 영향도 분석 • 대외 대응창구 설치 지시 • 업무의 우선순위 매김 • 돌발사안에 대응
사무국	• 지원 임직원 배치 • 대책본부 설치 • 통신수단(휴대전화) 배치	• 임직원의 임시 출근 지시 • 대응요원과 교대근무 결정 • 퇴직자 등의 임시 고용 검토
정보관리부	• 원인 규명 개시 • 소프트웨어 하우스, 기술자 소집 • 대체 시스템 운용개시 가부 결정	• 원인 규명 지속 • 원인의 해결 작업

부문	일주일 이내 (안전기)	일주일 이후 (철수기)
대책본부	• 향후 영향도 파악 • 향후 대응책 검토 • 문제 분석과 개선책 수립 • 돌발사안에 대응 • 업무의 우선순위 매김 • 각 본부의 이해관계 조정	• 대응상황 총괄 • 신용회복 캠페인 실시 • 복구계획의 실행 및 지시 • 돌발사안에 대응
사무국	• 임직원의 임시 출근 지시	• 대책본부 철거 • 각종 제반수당 정리
정보관리부	• 원인의 해결 작업	• 시스템 복구 • 데이터베이스에 수작업분 반영

〈예시〉 각 본부별 대책업무 일정에 따른 일람표 2

부문	첫날 (초기)	3일 이내 (전개기)
영업본부	• 각 본부, 사업장에 대한 지원 실시 • 거래처의 정보수집 • 거래처에 자사정보 전달 • 수요급증품의 수배	• 거래처 대응창구 설치 • 임시 상품 구입 • 수작업에 따른 발주 • 거래처에 대한 사과 • 각 사업장 지원
물류부	• 수작업을 통한 집배로 전환 • 온라인에서 전화접수로 전환 • 임시 창고부터 반출 준비	• 수작업을 통한 문제점 분석 및 해결 • 증원 요구 검토
마케팅부	• 고객 홍보내용 준비 • 매출상황 수집계 작업 준비	• 고객대응 창구 설치 • 수작업을 통한 문제점 분석 및 해결 • 전달지 내용 검토
제조본부	• 생산상 문제 확인 • 지원체계 검토 • 기자재의 손상 확인	• 수작업 생산분 관리 • 수작업을 통한 문제점 분석 및 해결 • 단기 판매계획 입안 • 재조달 기기의 배급

부문	일주일 이내 (안전기)	일주일 이후 (철수기)
영업본부	• 재고가 부족하거나 희소한 상품 발주 • 수작업에 따른 문제점 분석 및 해결 • 수작업을 통한 발주 • 거래처에 사과 • 각 사업장 지원	• 통상 발주로 전환 • 수작업분 정리 • 거래처에 사과
물류부	• 재고 파악	• 통상 집배로의 이행 • 수작업분 정리
마케팅부	• 고객 클레임에 피드백 • 수작업을 통한 문제점 분석 및 해결 • 전달지 내용 검토	• 전달지 내용 검토
제조본부	• 수작업 생산분 관리 • 수작업을 통한 문제점 분석 및 해결 • 생산설비의 설치 및 조정	• 수작업분 정리 • 제조 기회 손실에 따른 피해액 산출 • 통상 체계로 이행 • 생산설비의 본격가동 • 가복구 설비 철거

〈예시〉 각 본부별 대책업무 일정에 따른 일람표 3

부문	첫날 (초기)	3일 이내 (전개기)
재무부	• 대응 예산 계상	• 자금파악과 자금수당
총무부 (인사)	• 인명 대피, 안전 확보	• 자치단체 등의 대응 창구 설치 • 법무실과 법적 대응 준비
생산본부	• 수작업을 통한 집계, 정산 실시 • 문제상황의 사업장 내 게시 • 사업장운영에 필요한 사항 연락 • 고객 대응 창구 설치 • 사업장 내 각소의 안전 확인 • 대피처 시설 제공 • 재해대책용 비품 제공	• 수작업을 통한 집계, 정산 실시 • 임시직 사원의 임시 출근 • 사업장 운영에 필요한 사항 연락 • 사업장 내 각소의 안전 확인 • 대피처 시설 제공 • 재해대책용 비품 제공
홍보부	• 언론 및 관공서, 거래처 홍보 준비 • 언론 대응	• 언론 및 관공서, 거래처 홍보 • 언론 대응

부문	일주일 이내 (안전기)	일주일 이후 (철수기)
재무부	• 일주일 이상 정지된 경우의 대책 비용 검토	• 수작업분 정리
총무부 (인사)	• 법무실과 법적 대응 검토	• 법무실과 법적 대응 • 손해액의 총액 추정
생산본부	• 수작업을 통한 집계, 정산 실시 • 임시직 사원의 임시 출근 • 사업장 운영에 필요한 사항 연락 • 사업장 내 안전 확인 • 대피처 시설 제공 • 재해대책용 비품 제공	• 사과 광고 게시 • 임시직 사원의 임시 출근 • 통상 체계로 이행 • 수작업분의 결산 • 사업장 나 안전 확인 • 대피처 ㅅ 설의 제공 • 재해대책용 비품 제공
홍보부	• 언론 및 관공서, 거래처 홍보 • 언론 대응	• 주주를 대상으로 한 상황 설명 • 언론 대응 • 사과 광고 실시

5. 임직원의 행동 요령

모든 잠재된 위기에 대하여 다음과 같이 대처한다.

(1) 기본 행동 요령

❶ 모든 사회기능이 계속 마비되는 동안에는 원칙적으로 자택에서 대기하는 것으로 한다.

❷ 출근이 가능해진 단계에서 상사에게 연락하여 지시를 따른다. 상사와 연락이 닿지 않을 경우, 본사 재해대책본부에 연락하여 지시에 따른다.

❸ 연락이 닿지 않을 경우, 회사와 관련한 모든 연락수단을 통해 상황을 파악하고 자체적으로 판단한다.

❹ 출근하는 경우에는 본인이 먹을 식사를 직접 준비하도록 한다.

(2) 근무시간 내

❶ 본인 및 사업장 내방자의 안전확보와 피난을 유도한다.

❷ 본인 및 주변의 생사 및 안전상황을 상사에게 보고한다. 외출 중인 자는 가능한 상사에게 생사 및 안전상황을 알리고 별도의 지시를 받는다.

❸ 상사는 부하직원의 생사 및 직장의 상황을 확인하고 중간 관리자에게 보고한다. 중간 관리자는 본부 단위의 상황을 본사 재해대책본부 또는 안전관리부서에 보고한다.

❹ 사업장 부장은 사업장 내의 안전 및 피해상황에 대해 조업의 지속여부 의견을 첨부하여 대책본부에 보고한다. 연락이 불가능한 경우는 사업장 부장이 조업의 지속여부에 대한 판단을 내린다.

❺ 본사 재해대책본부는 내부 보고내용을 기반으로 본부 직원에 대한 지침을 통보한다. 본사 재해대책본부와의 원활한 의사소통이 되지 않을 경우, 사업장 부장은 임직원의 귀가 여부에 대한 판단을 내린다.

❻ 피해를 입지 않은 사업장(사람, 설비)은 대책본부의 지시에 따라 재배치될 가능성이 있으므로 사업장 부장 및 사업장에 소속된 임직원은 이를 염두에 둔다.

> 예: 1) 사업장 임직원을 일시적으로 대책본부에 파견한다.
> 　　2) 생산설비의 일부를 다른 사업장에 이관한다.

❼ 직원들은 재해대책본부 또는 상사로부터 '퇴근이 가능하다'는 지시가 떨어지면 귀가한다.

❽ 귀가 후 가족 및 주거상황, 대피처 등을 상사에게 가능한 연락한다. 상사와 연락이 닿지 않을 경우, 본사 재해대책본부 또는 안전관리부서에 연락을 취한다.

(3) 출근 도중

❶ 우선 본인의 신변안전을 확보한 뒤, 가족 및 주거지역의 안전을 우선적으로 확인하도록 하며 필요한 경우에는 귀가한다.

❷ 출근을 하거나 귀가를 할 때 상사에게 자신의 상황을 알린다. 상사와 연락이 닿지 않을 경우, 본사 재해대책본부 또는 안전관리부서에 연락한다.

❸ 상사는 부하직원의 생사와 직장의 상황을 확인하고 중간 관리자에게 보고한다. 중간 관리자는 본부 단위의 상황을 본사 재해대책본부 또는 안전관리부서에 보고한다.

❹ 본사 재해대책본부는 내부에서 보고받은 내용을 기반으로 본부 직원에게 지침을 통보한다.

(4) 근무시간 외

❶ 우선 본인의 신변안전을 확보하고 지역의 안전확보에 힘쓴다.

❷ 본인 및 가족의 상황을 가능한 한 직속상사에 보고한다.

❸ 상사는 부하직원의 생사 및 직장의 상황을 확인하고 중간 관리자에게 보고한다. 중간 관리자는 본부 단위의 상황을 본사 재해대책본부 또는 안전관리부서에 보고한다.

❹ 본사 재해대책본부는 내부 보고내용을 기반으로 본부 직원에 대한 지침에 대해 통보한다.

❺ 회사에 나오지 않아도 되는 사원에 한해 회사 측이 연락을 하므로, 별도의 연락이 없는 경우는 전원 출근하도록 한다. 단, 사회기능이 계속 마비될 위기가 발생한 경우는 원칙적으로 자택에서 대기하고 회사 측으로부터 연락이 있는 경우에만 출근한다.

❻ 교통기관이 불통된 지역의 직원은 가장 가까운 사업장으로 출근한다.

❼ 임직원의 연락처는 사원명부를 참조한다.

(5) 해외주재원의 가족안전 확인

❶ 단신單身 부임자의 가족이 재해 피해지역에 거주하는 경우, 원칙적으로 임직원 자신이 확인하여 그 결과를 상사 및 재해대책본부에 연락한다. 연락이 되지 않을 경우에는 대책본부가 직접 가족의 생사여부 및 안전상황을 확인한다.

❷ 해외주재원의 가족인 경우는 원칙적으로 가족이 직접 대책본부에 안부를 알린다(평소 이 점을 가족에게 철저히 주지시키도록 한다). 연락이 닿지 않을 경우에는 대책본부가 직접 가족의 생사여부와 안전상황을 확인한다.

6. 회사·거래처 등 주요 이해관계자의 연락 요령

거래처의 혼란을 막기 위해 거래처를 방문할 때의 우선순위는 다음과 같다.

- 회사에 중대한 영향을 미칠 가능성이 있는 거래처
- 거래액이 높은 거래처
- 각 본부장이 상황 파악이 필요하다고 판단한 거래처

또한 긴급 시 사용할 수 있도록 설비 관련 회사와 거래처의 연락처를 미리 일목요연하게 정리하여 관리한다.

《양식》 회사·거래처 등 주요 이해관계자 연락처

업종별	기관명	연락처	담당자	주소
수도				
하수도				
도로				
전기				
가스				
전화				
대중교통 (버스, 택시 등)				
수주발주 시스템				
결제 시스템				
점포 시스템				
업무관리 시스템				
통신기기				
건물				
트럭				
회사차				
생산설비				
산업폐기물 처리업자				

이해관계자 분류

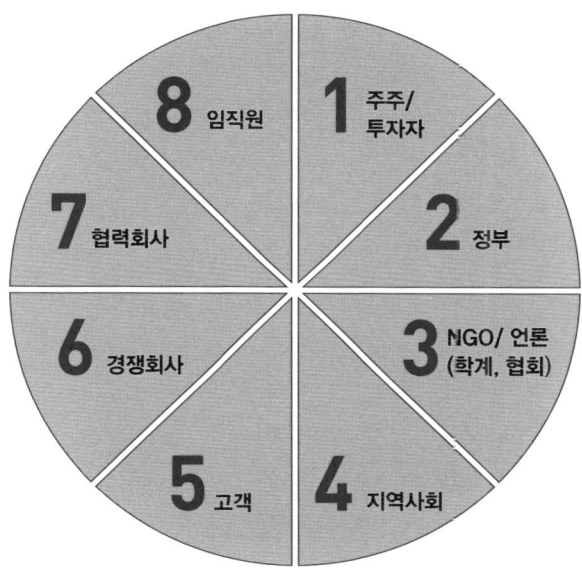

	구분	이해관계자 관련 위기 요소
1	주주/투자자	지배구조, 재무성과, 회계책임, 가치창출/배분
2	정부	규제준수, 부패, 로비, 법률(소송)
3	NGO/언론(학계, 협회)	의사소통, 평판, 윤리경영
4	지역사회	사회적 책임, 지역사회 개발, 복지 지원, 갈등 관리
5	고객	제품 책임, 고객만족, 마케팅, 리콜
6	경쟁회사	제품, 기술, 시장전략, 부당경쟁행위
7	협력회사	공급망 관리, 구매, 아웃소싱
8	임직원	기업문화, 노사관계, 보건안전, 고용, 복지, 인권

7. 대외적인 대응

긴급 시에는 기자재 반입, 지원 기술인력 수용, 직접 방문 등의 대응이 필요하므로 이를 위해 24시간 체제를 정비해둔다.

(1) 일반 고객 창구

창구는 마케팅부로 하고 장소는 본사 내 콜센터로 한다.

(2) 거래처 창구

창구는 영업본부로 하고 장소는 영업본부 내에 설치한다.

(3) 관공서, 자치단체 관련 창구

창구는 전담부서 또는 비서실·기획·경영과로 한다.

(4) 언론

창구는 홍보부로 하고 장소는 홍보부 내에 설치한다.

(5) 지원기술 인력 수용

창구는 제조본부로 하고 장소는 제조본부 내에 설치한다.

<예시> 위기관리체계 전체 구성

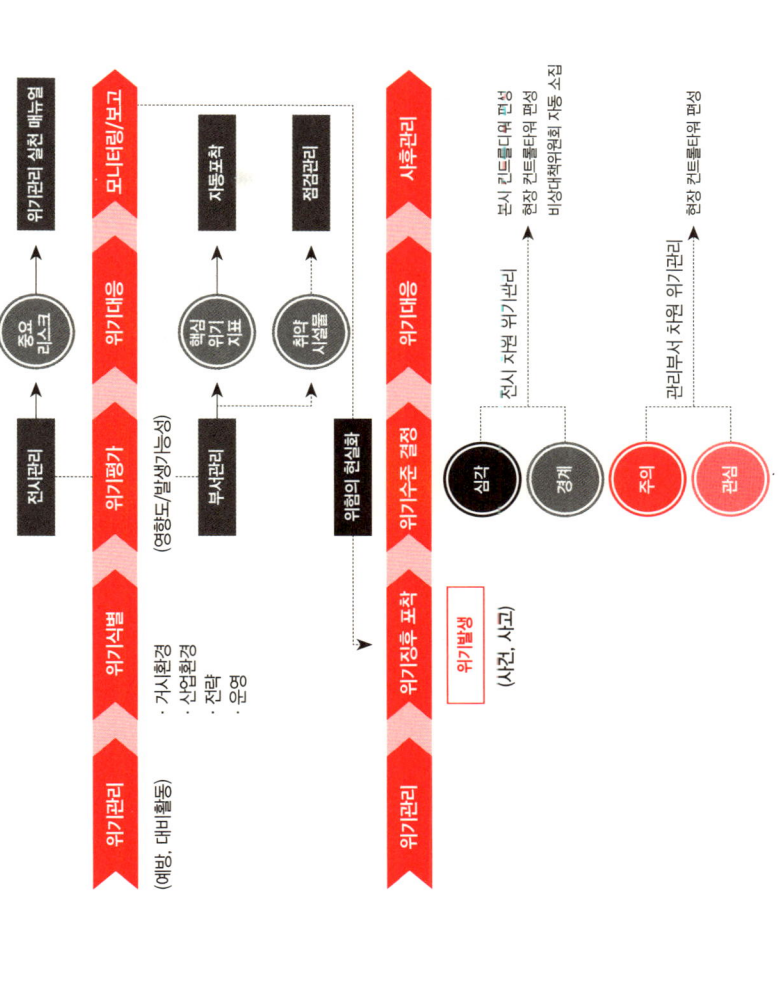

〈예시〉 위기관리체계 구축 시 6가지 고려사항

❶ 전담부서와 총괄부서 간 연계와 조화

위기관리 업무는 각 분야별 전담부서 중심으로 수행하되, 전사적 차원에서의 효율적 위기관리를 위해서는 총괄부서와 전담부서 간 연계와 조화가 이루어져야 한다.

❷ 상호 연계 및 협력

많은 경우, 위기는 해당 기업의 능력만으로 관리·대응하는데 한계가 있을 수 있으므로 관계 기관·협력 업체, 내부 부서와 긴밀한 상호 연계와 협력체계를 사전에 구축하여 유사시 즉각 가동되도록 한다.

❸ 위기관리 조직의 신축적 운용

경영 환경의 변화와 사업의 성격 및 규모의 변화에 따라, 위협요인이 다양해지고 위기상황도 매우 가변적일 수 있다. 그 때문에 새로운 유형의 위협이 발생할 것을 예측하고 이에 대처할 수 있는 위기관리체계를 신속히 구축·가동할 수 있도록 기존 조직의 신축적인 운용이 필요하다.

❹ 자원의 통합 운용

평상시 해당 부서에 의해 관리·운용되는 조직 내·외부의 다양한 자원을 비상시에는 분야별 구분 없이 통합적으로 운용할 수 있어야 한다.

❺ 자원과 역량의 집중과 배분

자원과 역량은 다양한 유형의 위기 중 핵심적인 제품생산 또는 서비스 제공 기능의 마비 등 중요 위기에 집중하되, 여타 후순위 위기에도 일정한 수준으로 배분하여 전사적인 차원에서 균형적 위기관리가 이루어지도록 한다.

❻ 초기대응 역량의 집중 배양

각종 사업의 집행, 제품생산 또는 서비스 제공, 시설관리 등의 활동이 기업의 주요 이해관계자와 매우 밀접한 연관 속에 이루어지는 점을 감안, 위기가 발생한 초기 단계에서 피해 확산을 차단할 수 있도록 초기대응 역량을 집중적으로 배양해야 한다.

3장 위기관리 매뉴얼 작성 포인트

1. 필수 기재정보

제조시설 등에 막대한 피해가 발생한 경우 최대한 단기간에 조업을 재개할 수 있는지 여부는 복구계획 작성을 위해 필요한 정보가 얼마나 정확하게 기록으로 남아 있는가에 달려 있다. 복구계획에서 특히 필수적으로 포함되어야 할 정보는 다음과 같다.

- 원자재의 사양, 공급원, 납품에 필요한 시간 및 조업에 필요한 양
- 기계류 및 공구류 등의 일람표(명칭이나 수량 등)
- 검사기기의 사용방법 및 조립방법에 관한 사양 및 수순
- 설계에 관한 데이터·제조현장에 관한 기술적인 데이터 및 사양변경

과 관련된 데이터 등의 기록
- 건물과 전기, 가스, 수도 등의 시설에 대한 유지보수에 관한 기록
- 특별 주문품과 관련된 기계류 및 설비에 대한 사양·도면 등의 기록
- 컴퓨터시설 및 제조공정 내의 수치제어기기의 기록매체

2. 구체적인 유의사항

기록의 보관은 복구계획을 관리하는 데 있어서 가장 중요한 요소이다. 따라서 보관장소와 관련하여 화재나 지진, 수해, 도난 등의 잠재적인 위기에 대하여 방재대책을 충분히 강구하고 있는가를 검토하여야 한다. 만일의 경우에 대비하여 기록의 복제(백업)를 다른 장소에 보관하는 경우에 대한 검토도 필요하다. 복구계획을 세울 때 구체적인 유의사항을 건물, 기계류, 보관품별로 정리하면 다음과 같다.

대체후보지 선정

사고가 발생한 경우 건물이 복구될 때까지, 제3의 장소에서 몇 가지 작업을 재개할 수 있으므로 건물의 손상 정도에 따라 긴급히 또는 계속적으로 처리해야 할 업무를 진행시키기 위한 대체장소를 고려해둘 필요가 있다. 이를 위해 사전에 적절한 대체장소에 대한 검토가 필요하다.

기계류 피해

피해를 입은 기계와 건물, 그리고 설비 중에서 상당수는 비교적 짧은 시간 안에 수리할 수 있거나 교체가 가능하다. 그러나 특별 주문품, 수입품, 복잡한 부품 같은 경우는 더 긴 시간을 필요로 한다. 따라서 이러한 두 가지 상황을 감안하여 완전히 생산이 재개하기까지 소요되는 시간을 단축하기 위하여 다음과 같은 사항을 검토할 필요가 있다.

- 대체기계·설비의 적합성
- 상품관리 등에 사용되는 컴퓨터 및 프로그램의 대체성
- 중요한 부품의 보관상황
- 대체시설을 사용하기 위한 제반 조정
- 특별 주문품의 공급원에 대한 긴급 시 연락처 및 연락 방법
- 외부 지원자에 대한 수용체제 검토
- 위생·의료설비의 확보
- 폐기물의 처리방안 검토(적절한 쓰레기 수거 방법)
- 텐트창고 등 가건물 운영 등으로 전용 가능한 기자재의 선정
- 고온·저온·강우 등의 대책비품 확보

보관품 피해

원자재나 부품, 부자재를 수입할 때 계절적 원인으로 인해 입고가 한정되는 경우 및 기타 여러 가지 사유로 인해 즉시 입고가 어려운 경

우가 있다. 이럴 때를 대비하여 다음과 같은 사항에 대한 검토가 필요하다.

- 대체품의 일시적인 사용 방안에 대하여
- 할증요금을 추가한 물자조달의 가능성에 대하여
- 동일한 사고에 따른 피해가 없도록 창고를 세분화하는 방안에 대하여

또한, 동일한 시설 내지는 다른 장소에 보관되어 있는 제품의 양에 따라서는 생산이 재개될 때까지의 통상적인 공급이 가능한 경우도 있다.

3. 업무별 유의사항

유사 시 대응방안 중에는 업무 기능별로 책임 있는 적절한 판단을 내릴 수 있도록 해야 한다. 다음의 상황을 상정하여, 각 기업들의 실정에 맞추어 계획에 반영하도록 한다.

영업 부문
- 영업활동을 지속하기 위한 관리계획
- 고객에 대한 정보공개, 연락방법의 검토 및 복구기간 중의 정보관리
- 고객에 대한 연락을 위한 문서양식 준비

구매 부문

- 오더, 발주 등의 업무 대응방안
- 정보 및 데이터파일의 복구 방법
- 구매 부문에서 취급하는 물품의 거점 간 이동 조정
- 인력의 거점 간 조정

관리 부문

- PC 및 프린터 등의 기기 조달(외부 발주 포함)
- 전화 등의 통신기능 확보(비상용 통신수단 확보 포함)

시스템 부문

- 백업 파일의 소재·내용의 명확화
- 필요에 따라 다음 사항에 대한 고려도 필요
    - 백업 파일의 복구
    - 서버 및 메인 프레임의 복구·대체 확보
    - 통신회선의 복구·확보(사내 LAN 등을 포함)

기타

- 중요한 소프트웨어·파일의 백업 확보 및 적절한 보관
- 주요 고객의 정보
- 원자재·기자재 정보

- 상품·제품정보
  - 사양, 배송에 소요되는 예상 시간, 최소한의 필요 확보량 등

- 설비·공구류의 일람표
- 제조업무에 반드시 필요한 기술요원 확보
- 최소한의 필요한 집기·비품류
  - 업무 지속에 필요한 것, 외부로부터 일시적으로 조달 가능한 것

- 현재 들어오고 있는 주문정보
- 대체장소(점포 및 사무소 등)의 후보지 선정
- 매체(주주, 투자가를 포함)에 공개해야 할 정보

4. 사후대책

위기가 가시적으로 나타난 경우 피해가 확대되거나, 또 다른 2차 피해로 이어지는 것을 방지하기 위하여 신속하게 대처하는 일이 중요하다. 가령, 화재나 수해의 경우에는 다음과 같은 사항을 반드시 전개할 수 있도록 사전에 계획을 세워둘 필요가 있다.

❶ 구조대원을 통한 구조, 청소작업
❷ 설비의 건조 및 기름칠

❸ 정전 발생 시, 예비 전력 준비 및 전문가에 의한 점검 후 기계 한 대로 가동
❹ 탱크와 연결되어 있는 가연성 액체와 가스 배관의 안전 확인
❺ 피해를 입지 않은 저장품 및 재고품 이동
❻ 스프링쿨러 설비 등 소화시설 복구 및 가연성 물질 제거 확인
❼ 가연성 쓰레기를 제거하기 위한 작업 수순 확인
❽ 연기를 포함, 화염이나 열의 발생원 근절
❾ 평상시 상태로 복구될 때까지 화재에 대한 경계 지속

〈예시〉 기업 위기관리 매뉴얼 검토 항목

구분		검토 기준
임직원	• 보호 및 구호, 복지 • 대체인력 확보	• 임직원 보호 및 구호(피해 예상 시), 복지방안이 수립되어 있는가? • 임직원 또는 핵심 기술인력 부재 시 확보방안이 수립되어 있는가?
대체사업장	• 대책본부 • 본사 이동 • 대피처	• 대책본부 장소 확보방안 및 평가는 수립되어 있는가? • (추가적으로 본사 이동 필요 시) 장소 확보방안이 수립되어 있는가? • (임직원 가족 이동 시) 장소 확보방안이 수립되어 있는가?
이해관계자 커뮤니케이션	• 언론 • 고객 • 정부 및 지역사회 • 파트너 및 공급사	• 언론대응을 위한 기본원칙과 대응방안이 수립되어 있는가? • 고객 유형별 대응방안이 수립되어 있는가? (대상 유형, 방법, 시점 등 필요) • 정부 및 지역사회 의사소통 방안이 수립되어 있는가? • 파트너 및 공급사와 의사소통 방안이 수립되어 있는가?
재정	• 자금조달 • 지급관리	• 긴급 자금조달 정책 및 방안이 수립되어 있는가? • 지급 우선순위 및 지급결재 정책 및 방안이 수립되어 있는가?
시설	• 기계 및 설비장치 • 인프라	• (피해 발생 시) 핵심 기계 및 설비장치의 보호 및 확보방안이 수립되어 있는가? • (피해 발생 시) 전기, 수도 및 음용수 등 인프라 확보방안이 수립되어 있는가?

구분		검토 기준
기술	• 정보 시스템 • 정보 및 기록 • 생산/제조 기술 • 통신시설/환경	• 주전산센터 피해 시 대응이 가능한 재해복구 시스템 구축이 되어 있는가? • (피해발생 시) 정보 및 기록에 대한 보안/반출/저장 방안이 수립되어 있는가? • (피해발생 시) 생산/제조 기술에 대한 확보방안이 수립되어 있는가? • (피해발생 시) 내부 및 외부에 대한 통신시설/환경 확보방안이 수립되어 있는가?
운송	• 인력 • 공급망	• 임직원 및 가족 등 인력수송 방안이 수립되어 있는가? • 제품 및 서비스 등의 유통, 수송방안이 수립되어 있는가?
법적 요건	• 보험 • 계약 • 보상	• (피해발생 시) 보험청구 및 대응방안이 수립되어 있는가? • (피해발생 시) 계약 등에 대한 대응방안이 유형별로 수립되어 있는가? • (피해발생 시) 내외부 보상방안(보험처리 포함)이 수립되어 있는가?
안전	• 유해물질관리 • 안전관리	• (유해물질 유출 시) 유해물질관리를 위한 방안이 수립되어 있는가? • (유해물질 유출 또는 예상 시) 임직원 안전관리를 위한 방안이 수립되어 있는가?

〈예시〉 기업 위기관리 대응 프로세스 1

1단계 초기대응	2단계 상황평가 및 판단
1)초기대응 　①초기대응 지침(인식) ②대피 절차 2)보고 및 연락 　①경영진 보고 절차 ②상황전파 절차 　③비상연락 절차 3)인명구조/안전 및 보안활동(1~6단계) 　인명구조/안전, 보안활동 계획 4)지휘 및 통제(1~6단계) 　지휘 및 통제 계획	1)비상 선언 　①위기수준 판단 절차 ②비상선언 절차

3단계 비상선언	4단계 비상조직/대체사업장 가동
1)초기 상황평가 및 비상선언 범위 정의 　①초기 상황평가 절차(인력/시설/IT 피해 　　부문, 해당 시) 　②비상선언 범위 정의 절차 2)고객대응(2~6단계) 　고객대응 지침 ②고객대응 계획 3)의사소통(2~6단계) 　의사소통 절차	1)비상조직 및 대체사업장 가동 　①비상조직 가동 절차 　②대체사업장 가동 절차 2)상황관리(4~6단계) 　상황관리 계획 3)대체사업장(4~6단계) 　대체사업장 추가 계획

5단계 비상대응(위기대응) 계획 실행	6단계 복귀 계획 실행
1)업무재개 　업무재개 계획 2)언론대응(5~6단계) 　위기 커뮤니케이션 계획 3)재해복구(5~6단계) 　인력, IT, 시설, 정보 및 기록 4)재해복구지원(5~6단계) 　인력, IT, 시설, 정보 및 기록, 구매 및 조달 5)복지지원(5~6단계) 　복지지원 계획 6)재무 및 회계처리(5~6단계) 　재무 및 회계처리 계획	1)복귀 　복귀 계획

〈예시〉 기업 위기관리 대응 프로세스 2

구분		검토 기준
초기 상황평가 및 비상선언 범위 정의	• 징후인식 • 추가 정보수집 • 비상선언 범위 정의	• 평상시 모니터링 수행 시 징후인식을 위한 항목 및 기준이 수립되어 있는가? • 징후인식 후 위기수준의 판단에 필요한 정보 및 항목, 절차가 수립되어 있는가? • 비상선언범위 및 대상 기준정의 및 절차가 수립되어 있는가?
비상선언 기준 및 절차	• 위기수준 판단 • 비상선언 절차	• 위기수준의 판단을 위한 항목 및 기준이 수립되어 있는가? • 위기수준을 정의할 시 비상선언을 위한 대상, 방법 및 절차가 수립되어 있는가?
비상조직 가동절차	• 비상조직 구성 • 연락 및 소집 • 의사결정 위임	• 위기수준별 비상조직 구성원 및 구성방법이 수립되어 있는가? • 비상조직 구성원 연락 및 소집, 장소 등에 대한 절차가 수립되어 있는가? • 비상조직 구성원 부재 시 대체인력 및 의사결정 위임 방안이 수립되어 있는가?
지휘 및 통제 계획	• 경영진 지휘 및 통제 계획	• 경영진의 주요 의사결정 사항 등이 초기대응부터 일상 수준의 복귀 단계까지 기본방향이 수립되어 있는가?
상황관리 계획	• 경영진 지원 상황관리 계획	• 경영진의 지휘 및 통제활동 지원을 위한 상황관리 사항 등이 초기대응부터 일상 수준의 복귀 단계까지 기본방향이 수립되어 있는가?
복귀 계획	• 복귀 절차	• 일상 수준으로 복귀를 위한 비상선언 종료, 복귀 준비, 복귀 실행 및 복귀 후 점검사항에 대한 절차가 수립되어 있는가?

부록

1. 기업 위기의 유형

기업 위기의 유형에는 거시환경Macro Environment 위기, 산업환경 Industrial Environment 위기, 전략Strategy 위기, 운영Operation 위기 등이 있다.

〈예시〉 위기 유형 상세

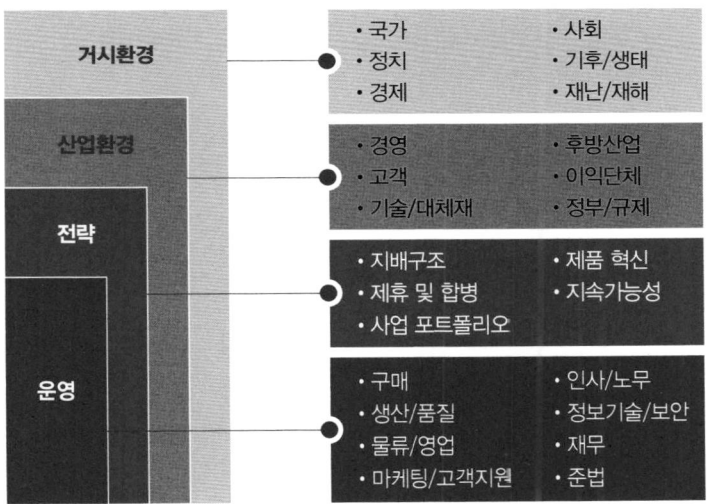

(1) 거시환경 위기

기업 경영목표를 저해할 수 있는 불확실성 중 기업을 둘러싼 대외 거시환경 변화로부터 야기되는 잠재적 위기 요인

자연환경 요인
기후/생태, 재난/재해

사회환경 요인
국가, 국내 정치, 사회, 경제 등

〈예시〉 거시환경 위기

분류	위기	설명
재난재해	지진	지진 발생 지역의 공급/물류망 마비로 부품 공급의 중단과 완성차 생산시설 파손 등으로 제품 생산이 중단될 위험
	홍수/집중호우	홍수/집중호우로 부품 공급 중단, 시설물 파손 등으로 제품 생산이 중단되거나 사회기반시설 파손으로 물류운송 지장을 초래할 위험
사회	급격한 고령화 진행	평균 수명의 연장, 저출산 등으로 한국이 고령화사회로 진입하면서 고령인구 부양에 따른 경제적 부담 증가, 노동인구 감소에 따른 산업경쟁력 약화 등 다양한 사회적 문제가 발생할 위험
경제	유럽 재정위기 확산	남유럽 국가(스페인, 포르투갈, 그리스, 이탈리아)들의 연쇄적인 재정위기가 유럽 주요국 경기 회복 둔화 및 내수회복 부진으로 확산되어 유럽 전체 경기침체가 장기화될 위험
	환율 변동성 확대	신흥/선진국 간 경제성장 양극화와 글로벌 불균형 해소 과정에서 주요국 간 환율분쟁으로 환율변동성이 확대될 위험
국가	중국 민주화 운동 및 시위	중국 국가 정책에 전면으로 반하는 민주화 시위 또는 봉기로 정치 불안정이 고조되거나 무정부 상태로 확대될 위험

(2) 산업환경 위기

기업 경영목표를 저해할 수 있는 불확실성 중 기업을 둘러싼 대외 산업환경 주체들의 이해관계 변화로부터 야기되는 잠재적 위기요인

산업구조상 이해관계자
경쟁자, 고객, 기술/대체재, 협력사, 신규 진입자 등

기타 이해관계자
노동단체, 시민사회단체, 정부 등

〈예시〉 산업환경 위기

분류	위기	설명
경쟁자	후발 업체 약진, 경쟁 위협 가중	국가적 차원에서의 전략적 산업육성과 해외 선진업체들의 잇따른 인수 등으로 후발 경쟁 업체들이 기술과 브랜드를 빠르게 확보하면서 당사 경쟁 우위를 위협할 위험
협력사	부품 공급 중단	자연재해, 직원 파업, 정부 규제/업무 정지, 부도 등으로 협력사 생산이 중단되어 부품 공급에 실패할 위험
협력사	공급망 마비	항만노조, 화물연대나 물류 운송 아웃소싱업체 직원의 장기간 파업 또는 재난재해로 인한 물류 인프라 파괴로 부품 공급이 적시에 이루어지지 않아 일정에 차질을 빚을 위험
정부	신 보호무역주의 확산	자국 산업보호를 위한 보호무역정책의 강화로 수출 제품 경쟁력이 저하될 위험
정부	친환경 정책 강화	해외 국가의 환경규제 미충족으로 인해 제품 수출이 제한될 위험
시민사회단체	친환경 시민사회단체의 항의 시위	현지 거점 지역 친환경 시민사회단체의 당사를 타켓으로 하는 반대 항의 시위로 업무 지장 초래 및 기업 평판이 저하될 위험

(3) 전략 위기

기업 전략 과제 수립과 수립된 전략이 적절한 성과를 거두지 못하고 실패할 가능성이 높고 전사적 파급효과를 미치는 위기 요인

정책 관련

지배구조, 조직구조, 브랜드, 커뮤니케이션, 지속가능성 등

사업 관련

사업 포트폴리오, 사업계획, M&A 등

〈예시〉 전략 위기

분류	위기	설명
사업 포트폴리오	무리한 M&A 추진	무리한 M&A 추진으로 핵심 사업에서의 역량 상실 또는 자금 경색에 직면할 위험
사업계획	사업계획 최적화 실패	부정확한 수요예측 또는 수요계획을 수립한 뒤 변동성 확대로 과잉 재고가 양산될 위험
사업계획	사업계획 변화 관리 미비	사업계획이 거시 및 산업환경의 변화에 따라 적시에 탄력적으로 변경되지 않아 전사 경영계획(전략과제) 달성을 저해할 위험
지배구조	외부 적대적 M&A	적대적 M&A 등을 통한 외부 세력의 경영권 위협 또는 부적절한 경영의 간섭이 발생할 위험
커뮤니케이션	부적합한 부서 간 커뮤니케이션	이기주의, 성과주의에 의한 커뮤니케이션 단절로 부서 간 수평적 업무 교류/정보 공유가 이루어지지 않아 조직 내 시너지가 나지 못할 위험
제휴	전략적 제휴 파트너의 지속가능성 저하	단기 수익확보 위주의 제휴전략으로 지속가능성이 떨어지는 사업 파트너(대리점/딜러)와 제휴할 위험

(4) 운영 위기
기업의 가치창출과 가치창출을 지원하는 비즈니스 활동상에서 각종 비효율성/비효과성을 야기하는 위기 요인

기업 가치창출활동
R&D, 구매, 생산/품질, 물류/영업, 마케팅/고객지원 등

기업 가치지원활동
인사/노무, 준법, 정보기술/보안, 재무, 환경안전 등

<예시> 운영 위기

분류	위기	설명
R&D	R&D 투자 기술의 상용화 실패	연구개발의 전략적 투자 기술이 미래 수요에 부응하지 못하여 기술적 우위를 확보하지 못할 위험
생산/품질	공정 품질 검사 오류	생산계획의 변동으로 품질 검사를 초과한 물량이 공급되어 품질 검사에서 오류가 발생할 위험
준법	가격 담합	각 국가별 가격담합 등 불공정거래행위에 대한 규제와 처벌수위가 현격히 강화되어 가격 담합 시 거액의 과징금을 징수당할 위험
구매	부적합한 공급사 선정	공급사 선정 시 업체에 대한 잘못된 혹은 부분적인 정보를 취득함으로 부적합한 업체를 선정할 위험
구매	파업	정규직/비정규직 노조 파업으로 생산일정 차질 및 언론보도를 통한 부정적인 여론이 확대될 위험
정보기술/보안	개인정보 유출	영업활동 과정에서 취득한 개인정보를 부당하게 이용하여 개인정보보호법을 위반할 위험

2. 기업재난관리표준

기업의 재난재해관리를 위해 소방방재청은 2007년부터 기업의 재해경감활동을 권장하는 노력을 해왔다. 기업 재해경감활동의 기준이 되는 기업재난관리표준(안전행정부고시 제2013-48호)은 업무 연속성에 관한 국제표준(ISO 22301)과 같아 기업 차원에서는 이를 적용하면 기업 재해경감활동계획서(매뉴얼)를 만드는 절차와 위기관리체계를 수립하는 데 도움이 된다.

일반적으로 기업의 위기는 작은 사고에서부터 시작될 수 있기 때문에 사내 취약성을 분석하고 이에 따른 업무연속 전략과 대응절차를 수립하는 체계로 구성해야 한다. 그래야 각 기업별 최적화된 기업재난관리 체계를 구축할 수 있다. 다만, 위기관리는 특성상 눈에 띄는 성과를 낼 수 있는 분야가 아니므로 CEO의 위기관리에 대한 리더십이 매우 중요함을 강조한다. 최고관리자의 책무와 PDCA(Plan(계획) 〉 Do(실행) 〉 Check(검토) 〉 Act(행동)) 사이클에 따른 매뉴얼을 주기적으로 검토·훈련해 위기관리 조직문화를 확산토록 하는 데 중점을 두고 있다.

향후에는 기업재난관리표준에 따라 재해경감활동계획을 수립하고, 소방방재청으로부터 우수기업으로 인증을 받으면 법에 따라 입찰가점, 보험료 할인, 세제지원 등 추가 인센티브도 받을 수 있도록 규정하고 있어 재난재해관리 차원의 위기관리를 준비하는 기업은 참고할 만하다.

〈예시〉 기업재난관리표준 구성체계도

1. 기업재난관리표준 개요
  1.1 정의
  1.2 재해경감활동관리체계 모델 및 구성체계
  1.3 적용 범위
  1.4 다른 규정과의 관계
  1.5 참고 규범

2. 용어 및 정의

3. 재해경감활동관리체계 기획
  3.1 기업 경영현황 이해
  3.2 재해경감활동관리체계 범위 설정
  3.3 재해경감활동관리체계
  3.4 리더십
  3.5 운영 지원

4. 목표달성계획 수립
  4.1 목표설정
  4.2 목표달성계획

5. 운영 및 실행
  5.1 운영계획 및 통제관리
  5.2 업무영향분석
  5.3 위기 평가
  5.4 사업연속성 전략 수립
  5.5 재해경감활동 절차 및 계획 수립, 실행

6. 교육 및 훈련
  6.1 교육 프로그램 개발 및 운영
  6.2 연습 및 훈련 평가

7. 수행평가
  7.1 모니터링, 측정, 분석 및 평가
  7.2 재해경감활동 평가
  7.3 내부감사
  7.4 경영진 검토

8. 개선
  8.1 부적합사항 및 시정조치
  8.2 지속적 개선

※ 범례
Plan(계획수립), Do(운영 및 실행), Check(감시 및 검토), Act(유지관리 및 개선)

에필로그

성공적인 위기관리를 위한 10가지 조언

타조처럼 머리를 모래 속에 처박고서 위기가 지나가기만을 마냥 기다리는 것은 일고의 가치도 없다. 위기가 없는 미래를 맞이하리라고 믿는 것 역시 매우 순진한 생각이다. 위기는 피하려 해도 피할 수 없다. 위기의 복잡성이나 그 영향은 계속 늘어났으면 늘어났지 줄어들지는 않기 때문이다. 기업은 당면한 위기를 이해하고 관리하는 데 보다 현명해져야 한다. 성공적인 위기관리를 위한 10가지 지침을 단계별로 짚어 보자.

첫째, 기업의 위기 성향을 이해해야 한다. 회사가 기꺼이 감수하려는 위기가 무엇인지 이해하는 일은, 받아들일 수 있는 위기와 받아들일 수 없는 위기 사이의 경계를 규정하는 데 보탬이 된다.

둘째, 프로세스를 공식화해야 한다. 본능에 충실하거나 배짱에 맡기거나 설익은 판단에 의존하는 일은 결코 위기를 관리하는 최선책이 아니다. 이러한 경우에는 필요한 일들을 놓치게 되고, 중요한 신호나 정보를 획득하거나 공유하지 못하여 의사결정의 기회를 놓치게 된다.

셋째, 모든 수준의 위기를 파악하고 범주화해야 한다. 위기는 기업 조직의 모든 수준에서 발생할 수 있다. 전략적인 수준, 주요 프로젝트 및 프로그램 내부의 수준, 그리고 운영적인 수준까지 파악해야 한다. 글로벌화, 인터넷, 급속한 기술 변화 등의 요소들은 관리해야 할 위기 프로파일과 복잡성을 증가시키고 있다.

넷째, 위기를 적극적으로 관리해야 한다. 대부분 기업들의 위기관리 프로세스를 보면, 위기를 식별·포착하고 범주화하면 끝이라고 믿는 경우가 비일비재하다. 이러한 소극적인 관리 행태는 우발적으로 사태가 발생했을 때 급한 불 끄기에 급급하고 우왕좌왕할 수밖에 없으며 고질적인 조직 자원의 낭비를 가져온다. 결국 기업의 평판에 이루 말하기 힘든 손상을 줄 수 있다. 외부적인 잠재 위기의 지평을 끊임없이 훑으면서 해당 위기가 조직에 뜻하는 바가 무엇인지를 이해하는데 시간을 쏟으며 그 위기를 관리할지 말지를 적극적으로 결정하는 것이 중요하다.

다섯째, 위기를 공감하는 문화를 조직 내에 발전시켜야 한다. 실패를 비난하거나 무시하거나 감추려고 하는 문화는 더 이상 허용되어서는 안 된다.

여섯째, 과오와 실패로부터 배워야 한다. 성공이 자만심을 부채질하여 우리가 충분히 배우지 못하도록 가로막는 것과는 달리, 과오와 실패는 부정적인 뜻이 내포되어 있지만 그것들로부터 충분히 배울 점이 있다. 여기에 많은 주의를 기울이기만 해도 위기를 관리하는 기량을 크게 향상시킬 수 있다.

일곱째, 기업 스스로 끊임없이 위기상황을 생각해야 한다. 전략적 수준에서부터 운영 수준에 이르기까지 고루 초점을 맞추고 '장래에 사업을 위기에 빠뜨릴 어떤 일이 발생할 수 있을까'를 정기적으로 자문해보는 것이다. 그렇게 함으로써 사업을 언제나 기민하고 임전태세를 갖춘 상태로 유지할 수 있다.

여덟째, 위기관리를 위해 알려진 방법과 도구를 활용해야 한다. 완전히 새롭게 처음부터 다시 시작하는 것보다는 조직의 경험과 시험을 거쳐 이미 검증된 방법을 적용하는 편이 훨씬 낫다.

아홉째, 필요하다면 전문가의 조언을 활용하여야 한다. 위기관리는 결코 만만한 과업이 아니므로 때로는 특정 범주 또는 전반적인 위기에 대한 상세한 지식과 조언을 제공할 수 있는 외부 전문가의 도움을 받는 것도 필요하다.

마지막으로, 위기를 적절히 관리하여 얻을 수 있는 보상을 생각해야 한다. 문제를 찾아 나서는 게 위기관리의 전부는 아니다. 궁극적으로 투자 대비 수익의 수준과 발생 가능한 위기를 우선적으로 평가한 뒤에 이어지는 적절한 의사결정이 기업의 수익 창출 능력을 좌우한다는 것을 잊어서는 안 된다. 효과적인 위기관리는 경솔한 사업전략 이행에 회사의 명운을 걸지 않는 동시에 조직의 경계를 허물면서 전진할 수 있도록 도울 것이다.

위기는 언제나 우리와 함께 있다. 이 위기를 효과적으로 관리하려면 우리는 능력이 닿는 한 그것을 관리하는 방법을 적극적으로 배워야 한다. 그래야 기업은 위기를 총체적으로 관리하고 모든 관점과 분야에서 기회와 가치를 창출할 수 있다. 『미리 준비하는 위기관리 실천 매뉴얼』을 통해 언제 다가올지 모르는 치명적 위기에 지혜롭게 대처해 그것을 성장의 발판으로 삼길 바란다.

참고문헌

『BCM, 비즈니스연속성관리』, 유종기, FKI미디어, 2008. 2
"공공기관 전사적 위험관리 활용 현황 분석 및 개선방안 연구", 한국행정연구원(KIPA), 2011. 12
"기업재난관리표준", 소방방재청(NEMA), 2013. 12
"당연한 것을 지키는 것, 사고예방의 출발", 유종기, 정덕훈, 동아비즈니스리뷰, 2014. 5
"딜로이트와 함께하는 위기관리 비법 시리즈—실패에서 배우는 경영", 중앙SUNDAY, 2011. 11
『리스크 인텔리전스: 불확실성 시대의 위기경영』, 한빛비즈 2012. 3. 2
"리스크를 기업 성장의 기회로 삼는 비결", 유종기, 포춘코리아, 2012. 6
『리질리언트 엔터프라이스』, 요시 쉐피, FKI미디어, 2006. 4
"반사적 위기대응 리질리언스, 기업을 살린다", 유종기, 동아비즈니스리뷰, 2011. 4
『성공기업의 위험관리』, 토비 비숍, FKI미디어, 2010. 2
『스마트 리스크』, 앤드류 홈스, 비즈니스맵, 2008. 3
"시스템 관점의 위기관리 프로세스", CEO 인포메이션, 삼성경제연구소, 2009. 4
"신종플루로 기업이 '다운'되지 않으려면", 유종기, 동아비즈니스리뷰, 2009. 10
"실패에서 배우는 글로벌 SCM 위기대응전략", CEO 인포메이션, 삼성경제연구소, 2013. 4
『위기관리 기업 매뉴얼』, 전국경제인연합회, 2003. 11
"위기대응: 상상할 수 없는 것을 상상하라", 이호준, 유종기, 동아비즈니스리뷰, 2011. 3
『위기의 CEO: 미래 20년을 대비하는 기업생존전략』, 윌리엄 G. 파렛, 중앙북스, 2008. 4

참고 사이트

이코노믹리뷰 인사이드: 전문가 칼럼, http://www.econovill.com
정용민의 위기관리 블로그, http://jameschung.kr
삼성화재 Global Loss Control Center(GLCC), http://rm.samsungfire.com

미리
준비하는
위기관리
실천 매뉴얼

미리 준비하는
위기관리 실천 매뉴얼

초판 1쇄 인쇄 | 2014년 9월 11일
초판 1쇄 발행 | 2014년 9월 18일

발 행 인 | 김영희
기획·마케팅 | 신현숙, 권두리
편　　집 | 박지혜, 김민지
디 자 인 | 문강건
발 행 처 | (주)에프케이아이미디어(프리이코노미북스)
등록번호 | 13-860
주　　소 | 150-881 서울특별시 영등포구 여의대로 24 FKI타워 44층
전　　화 | (출판콘텐츠팀) 02-3771-0434 / (영업팀) 02-3771-0245
팩　　스 | 02-3771-0138
홈페이지 | www.fkimedia.co.kr
E - mail | jipark@fkimedia.co.kr
I S B N | 978-89-6374-082-9 03320
정　　가 | 10,000원

낙장 및 파본 도서는 바꿔 드립니다.
이 책 내용의 전부 또는 일부를 재사용하려면 반드시 FKI미디어의 동의를 받아야 합니다.
내일을 지키는 책 FKI미디어는 독자 여러분의 원고를 기다립니다. 책으로 엮기 원하는 아이디어가 있으면
hsshin@fkimedia.co.kr로 간략한 개요와 취지를 연락처와 같이 보내주십시오.

이 도서의 국립중앙도서관 출판예정도서목록(CIP)은 서지정보유통지원시스템 홈페이지(http://seoji.nl.go.kr)와
국가자료공동목록시스템(http://www.nl.go.kr/kolisnet)에서 이용하실 수 있습니다.(CIP제어번호: CIP2014023589)